ANDREA BÜSING-KOLBE / HERMANN BÜSING

STADT UND LAND IN OBERITALIEN

SONDERBÄNDE DER ANTIKEN WELT

Zaberns Bildbände zur Archäologie

VERLAG PHILIPP VON ZABERN · MAINZ AM RHEIN

ANDREA BÜSING-KOLBE / HERMANN BÜSING

Stadt und Land in Oberitalien

VERLAG PHILIPP VON ZABERN · MAINZ AM RHEIN

IV, 100 Seiten mit 133 Farb-, 9 Schwarzweiß- und 16 Strichabbildungen

Umschlag vorne: Ein Bogen vom seitlichen Zugang des Theaters von Aosta. (Photo H. Büsing)

Umschlag hinten: Blick vom Forum auf das Kapitol von Brescia (vgl. auch Abb. 40, S. 35).

Frontispiz: Der von dem Keltenfürsten Cottius für Kaiser Augustus errichtete Bogen in Susa westlich von Turin (vgl. auch Abb. 31, S. 28).

Die Deutsche Bibliothek – CIP-Einheitsaufnahme

Stadt und Land in Oberitalien / Andrea Büsing-Kolbe/Hermann Büsing – Mainz am Rhein : von Zabern, 2002
(Antike Welt ; Sonderbd.)
(Zaberns Bildbände zur Archäologie)
ISBN 3-8053-2847-8

ISBN 3-8053-2847-8
Gestaltung: Ilka Schmidt, Verlag Philipp von Zabern, Mainz
Redaktion: Gerhild Klose und Annette Nünnerich-Asmus, Verlag Philipp von Zabern, Mainz
Lithos: Scan Comp GmbH, Wiesbaden

Printed in Germany by Kunze & Partner, Mainz
Printed on fade resistant and archival quality paper (PH 7 neutral) · tcf

Inhalt

Vorwort

Wer auf der Brennerautobahn endlich bei Verona die weite Po-Ebene vor sich sieht, weiß, daß er nun in Italien angekommen ist. Viele Reisende sind über den Brenner nach Italien gekommen, haben sich am Gardasee erholt, sind an die Strände zwischen Venedig und Rimini gefahren oder weiter nach Süden über den Apennin nach Florenz und Rom. Daß aber die Po-Ebene selbst eine sehr reizvolle Kulturlandschaft ist, in der bedeutende Monumente aus der römischen Zeit noch aufrecht stehen, ist den wenigsten bekannt. Goethe hat auf seinem Weg nach Rom kurz in Verona Halt gemacht und das dortige Lapidarium besucht. Aber Turin oder Aosta hat er nicht gesehen. Ebenso Jacob Burckhardt: sein *Cicerone, eine Anleitung zum Genuß der Kunstwerke in Italien* von 1855 läßt die Landschaften Piemont und Savoyen aus. Für die Italien-Freunde waren sie zu stark französisch geprägt, für die Frankreich-Freunde zu stark italienisch.

Die Römer haben die Po-Ebene im 2.–1. Jh. v. Chr. im Kampf gegen die Kelten erobert und zunächst eine Provinz eingerichtet, die sie «das Gallien diesseits der Alpen» (Gallia Cisalpina) nannten; unter Augustus wurde die Pianura Padana, die Po-Ebene bis hinauf zu den Alpenpässen im Norden und Westen zum römischen Staatsgebiet erklärt. Es war neben Sizilien eine weitere große Kornkammer Italiens, die zusätzlich zu den Versorgungszentren in Ägypten und Nordafrika die Bevölkerung Italiens ernähren konnte. Neue Städte wurden gegründet, Landstraßen gebaut, Kanäle zur Entwässerung der Sümpfe, ein Netz von kleinen Kanälen zur Bewässerung der Felder angelegt, so daß die Landschaft im 1. Jh. n. Chr. aufblühte und sich mit eindrucksvollen Bauwerken schmückte. Im ersten Teil des Buches sind einige von ihnen mit neuen Photos vorgestellt. Stadttore, Triumphbögen, Theater und Amphitheater, Tempel und Grabmäler – alles, was die römische Kultur bieten konnte, ist auch in Oberitalien zu finden. Das städtische Leben muß sich auf einem sehr hohen Niveau abgespielt haben: die Antikenmuseen von Turin, Brescia, Verona, Este und Padua, um nur einige zu nennen, bewahren kostbare Zeugnisse von Skulpturen, Wandmalerei, Luxusgefäßen und vieles mehr, was den hohen Standard beweist.

Dennoch werden auch die Römer die Po-Ebene als etwas provinziell angesehen haben. Der aus Spanien stammende Dichter Martial, der in Rom lebte, hat hier mehrmals seine Sommerferien verbracht, um die Ruhe zu genießen, die er in den hektischen Seebädern am Golf von Neapel nicht finden konnte. Vor allem war es das Landleben in der Nähe der oberitalienischen Städte, das auf die Großstadtbürger einen großen Reiz ausübte. Der übertriebene Luxus der Hauptstadt Rom war hier nicht zu finden, dafür aber alle Güter des Landes, frische Fische aus den Seen, Wildschweine, Rehe und Hirsche aus den Wäldern und eine weitgehend unberührte Natur.

Daß dieses Landleben, wenn man es als Bauer oder Gutsherr führte, keineswegs nur beschaulich war, wird im zweiten Teil dieses Buches deutlich. Der große Po hat mit verheerenden Überschwemmungen immer wieder die Gehöfte und Einrichtungen auf dem Lande bedroht und beschädigt, wie es die Ausgrabungen beweisen, die wir zehn Jahre lang auf dem Gelände eines antiken Gutshofs durchgeführt haben. Bis zu den Fundamenten hinab waren immer wieder Reparaturen nötig, um das Leben auf dem Lande zu ermöglichen. Hinzu kamen Seuchen, die den gesamten Viehbestand vernichteten, wie es Vergil, der große Dichter der augusteischen Zeit, aus eigener Anschauung beschreibt. Glücklicherweise aber war die Landschaft in römischer Zeit nicht von Kriegen betroffen: die militärischen Aktionen hatten sich an die Donau-Linie verlagert, so daß die Po-Ebene eine lange friedliche Zeit erlebte. In der Spätantike schließlich schien Oberitalien so stabil und sicher zu sein, daß man wichtige Verwaltungsfunktionen Italiens und des römischen Imperiums nach Mailand und Ravenna verlagerte. Das spiegelt sich auch in unserem Gutshof wider, der schon früh in ein Hotel umgewandelt worden war: über 600 Jahre wurden die Gebäude genutzt, zuletzt von einer ostgotischen Familie, von der einige Mitglieder in der Nähe des Hauses mit wunderbarem vergoldetem Silberschmuck beigesetzt wurden.

Das Leben auf dem Lande imitierte nicht den Wohlstand der Städte. Marmor als Baumaterial fehlte gänzlich. Aber auch Steine werden nur selten eingesetzt, weil man sie von weither hätte hierher transportieren müssen. Der Boden der Po-Ebene enthält nur Sand, Lehm und Ton, was der große Fluß im Laufe der Erdgeschichte abgelagert hat. Üblich waren deshalb Ziegelmauern und aus Formziegeln hergestellte Säulen und Pfeiler. Schön verstuckt und bemalt, konnte die Ziegelarchitektur über ihre statische Zuverlässigkeit hinaus auch einen durchaus angenehmen und schmuckvollen Eindruck bieten. Auch das Geschirr im Hause bestand aus Tonwaren und Glas, wozu noch einzelne Bronzegeräte hinzu traten. Silbergeschirr wie in der Stadt gab es nicht. Aber auch das Tongeschirr war von erlesener Qualität und konnte jeden Gast zufriedenstellen. Die intensiv rote Terra-Sigillata und die metallisch schwarze Keramik für Trinkschalen bilden einen wirkungsvollen Kontrast, der durch verschiedenen farbiges Glas noch gesteigert wurde. Der Reiz des ländlichen Lebens bestand offenbar in der gepflegten Schlichtheit.

Das vorliegende Buch soll neugierig machen auf eine Landschaft, die von den heutigen ebenso wie von den Italienreisenden der vergangenen Jahrhunderte zu wenig beachtet wurde. Dabei gibt es gerade hier römische Ruinen zu erkunden, die erstaunlich gut und in beeindruckender Monumentalität erhalten sind. Deren Beschreibung und erläuternde Abbildungen sollen dem an der Architektur Interessierten die Vorstellung ihres einstigen Aussehens und ihres Nutzen erleichtern, während die Beschreibung des Lebens auf einem Bauernhof bzw. in einer Straßenherberge, deren Überreste nicht mehr zu besichtigen sind, anhand der Ausgrabungsfunde auch dazu dienen kann, sich das tägliche Leben vor 2000 Jahren vorstellen zu können.

Andrea Büsing-Kolbe
und Hermann Büsing
im August 2002

Das Land zwischen Alpen und Apennin

Landschaft und Geschichte bis zur Eingliederung der Padana in das Römische Reich

Die Landschaft

Die weite Po-Ebene, die sog. Padana, erstreckt sich von den Cottischen Alpen, die westlich von Turin aufragen, bis an das Adriatische Meer über 400 km weit (Abb. 1); vom Fuß der Alpen im Norden reicht die Ebene bis an den Rand des Apenningebirges, das als Rückgrat Italiens gilt. In Nord-Süd-Richtung liegen bei Mailand die Alpen und der Apennin etwa 150 km auseinander, bei Venedig aber sind es gut 400 km. Von Gebirgen und Meer auf allen Seiten eingefaßt, ist dieses gut bewässerte Land die fruchtbarste Landschaft Italiens. Sie wurde vollständig von dem großen Strom Padus (lat., daher die Bezeichnung Padana) bzw. Eridanos (griech.) geformt und planiert. Den meist friedlichen Fluß konnten Schiffe noch im vorigen Jahrhundert von der Adria bis in die Lombardei befahren. Doch dieser segensreiche Strom verwandelte sich bei Schneeschmelze und heftigen Gewittern in ein Ungeheuer. Vergil, der in Mantua geborene Dichter, beschreibt aus eigener Anschauung im ersten Buch seiner *Georgica*:

«Wälder entwurzelte wirbelnd der Po, der König der Flüsse,
Brausend mit rasendem Strudel, er riß das Vieh samt den Ställen
Fort über Felder und Fluren.»

Im 1. Jh. n. Chr. hat Lucan im 6. Buch seines Epos über den Bürgerkrieg zwischen Caesar und Pompeius die Auswirkungen der Überschwemmungen auf die Menschen noch drastischer beschrieben:

«Derart tritt auch Padus bei Hochwasser ungestüm über
Sichernde Deiche und setzt die ganze Landschaft in Schrecken;
Wo ihm ein Stückchen des Bodens nachgibt, nicht standhält dem wilden
Andrang der Flutwelle, schließlich absackt, da strömt er mit vollem
Schwunge hindurch und eröffnet sich strudelnd neue Gefilde;
Dort entschwindet den Herren der Boden, hier bietet der Padus
Neuland den Bauern ...»

Daß nicht nur die Deiche brechen, sondern der Boden absacken kann, ist von höchstem Interesse, denn dies stimmt mit unseren Grabungsbefunden aus dieser Region überein. Bei Lucan nimmt der Fluß aber den Großgrundbesitzern (*domini*) den Boden und schenkt ihn den Bauern (*coloni*)!

Am Fuß der Alpen reihen sich von Ost nach West viele Gebirgsseen auf, deren bekanntesten der Lago di Garda, der verzweigte Comer See und der Lago Maggiore sind. Heute teilen sich vier Länder, nach römischem Vorbild Regionen ge-

Abb. 1 ***Oberitalien im Satellitenphoto.***

1

2

nannt, die Po-Ebene: das Piemont im Westen mit Turin, die Lombardei mit Mailand nördlich des Po, die Emilia Romagna südlich des Po entlang dem Fuß des Apennin und Venezien (Veneto) im Osten. Dort, wo sich die Grenzen der Lombardei, der Emilia Romagna und des Veneto treffen, liegt Ficarolo, das im zweiten Teil des Buches eine Rolle spielen wird.

Etrusker in der Padana

Die Po-Ebene war seit der Steinzeit besiedelt, denn die Fruchtbarkeit des Landes hatte seit jeher Menschen angezogen. Wir wollen uns aber mit der Geschichte der Landschaft erst von dem Zeitpunkt an beschäftigen, als die Etrusker sie durchquerten. Die Etrusker lebten südlich des Apennin und hatten seit dem 8. Jh. v. Chr. eine Stadtkultur ausgebildet, die durch Fernhandel mit Puniern und Griechen über das tyrrhenische Meer zu erstaunlichem Wohlstand gelangt war. Die Punier sind Phönizier, die als Neugründung um 800 v. Chr. die Stadt Karthago anlegten, deren Bewohner von den Römern Punier genannt wurden. Zu den Etruskern kamen über das Meer Punier und Griechen, keine ungefährliche Fahrt für behäbige Handelsschiffe. Es mußte also etwas ganz Wichtiges von den Etruskern zu erhalten sein, um das Risiko einzugehen, viele hundert Kilometer weit an der italienischen Westküste entlang zu segeln.

Womit handelten die Etrusker? Der Goldschmuck in den frühen Gräbern von Cerveteri, Praeneste und anderen Orten, der von Reichtum schon in der etruskischen Frühzeit zeugt, die Berge von verhüttetem Metall in Populonia weisen in eine Richtung: Eisenerz, das begehrteste Metall der Eisenzeit, bauten die Etrusker auf der Insel Elba ab, die der Stadt Populonia unmittelbar gegenüber liegt, und Eisen war im gesamten Mittelmeergebiet nirgendwo so reichlich zu haben, wie in Etrurien. Sie machten damit den entfernt wohnenden Alpenvölkern Konkurrenz, die ebenfalls Eisenerz abzubauen verstanden, aber deren Eisenbarren auf dem unwirtlichen Landweg transportiert werden mußten. Die Etrusker förderten in ihrem Land zwischen Arno und Tiber außerdem Silber, Kupfer, Quecksilber, Blei, Antimon, Zinn und Zink.

In Etrurien hatte sich im Verlauf des 6. Jhs. v. Chr. eine eigenständige Produktion von hochwertigen und formschönen Bronzearbeiten entwickelt, unter denen Kandelaber, Hydrien und Kannen hervorragen. Mit diesen begehrten Fertigprodukten begannen die Etrusker nun einen schwunghaften Handel mit den Alpenvölkern, wobei sie die Po-Ebene durchqueren mußten. Die Alpenvölker – außer der bodenständigen Bevölkerung waren es vor allem die Kelten (Gallier), die bis auf den Balkan vordrangen – verkauften (tauschten) die etruskischen Bronzekannen, Siebe, Schöpfkellen und Mischkrüge an die nördlich und westlich gelegenen Fürstenhöfe. In den keltischen Burgen und Fürstengräbern wurden bei archäologischen Ausgrabungen mehr etruskische Bronzekannen gefunden als in Etrurien selbst. Auf diesen Handelswegen ist auch der mannshohe Bronzekrater von Vix in den Norden gelangt und einer keltischen Fürstin mit ins Grab gegeben worden. Er befindet sich heute im nahe gelegenen Museum von Chatillon, also vor den Toren von Paris. Die Fachleute streiten sich noch immer, ob er etruskischen, tarentinischen oder spartanischen Ursprungs sei. Kein Zweifel besteht aber daran, daß er durch den Fernhandel der Etrusker auf den Weg gebracht wurde.

Der Transport etruskischer Bronzen löste ganz unerwartet eine Lawine von Eigenproduktionen verschiedener keltischer Völker aus. Am bekanntesten ist die Nachahmung dieser Gefäße bei den Menschen der Hallstattkultur, die mit unter Tage abgebautem Steinsalz handelten (6./5. Jh. v. Chr.). Ein weiterer Stamm, der auf der Nordseite der Po-Ebene siedelte, lag auf dem Handelsweg der Etrusker: der Stamm der Estekultur. Dieses Volk verstand die Technik, Bronze zu treiben. Es hatte bestimmte Formen der Darstellung wie etwa die Einteilung in Frieszonen von den Etruskern gelernt, gestaltete jedoch völlig neue Bildergeschichten. Bei der Estekultur, die auf den vorgeschobenen Euganeischen Bergen westlich von Padua ihren namengebenden Hauptort Este (lat. Ateste) besitzt, streitet man sich, ob es sich um keltische oder einheimische venetische Bevölkerung handelt. Jedenfalls

***Abb. 2** Ackerflächen mit der Einteilung, die sich seit der Römerzeit erhalten hat.*

***Abb. 3a.b** Groma, das Vermessungsgerät der Agrimensoren, spezialisierte Landvermesser.*

waren die Eimer (Situlen) und Gürtel der Estekultur so begehrt, daß sie sich bis nach Bologna, der alten etruskischen Stadt Felsina, und bis auf den Balkan verbreitet haben.

Es ist unbekannt, wo und wie die Etrusker das Haupthindernis der Po-Ebene, nämlich den Fluß selbst, überwunden haben. Die Landschaft war zu dieser Zeit noch ungegliedert und wild. Es gab keine Straßen, keine Brücken. Der Po hatte noch keine von Menschen geschaffenen Deiche und mäandrierte ohne starkes Gefälle über weite Strecken, bildete Sümpfe und Sandbänke und veränderte seinen Lauf von Jahr zu Jahr. Am schlimmsten aber waren die unberechenbaren Überflutungen, die weite Teile des Landes unter Wasser setzten, wobei es ungewiß war, welche Stellen im folgenden Jahr passierbar seien. Dennoch haben die Etrusker diese Schwierigkeit während des gesamten 6. Jhs. und wohl auch im beginnenden 5. Jh. v. Chr. bewältigt.

Es gibt antike Berichte (Livius 5,7–11), die davon sprechen, daß die Etrusker im 6. Jh. v. Chr. zwölf Städte in der Po-Ebene angelegt hätten, entsprechend der Dodekapolis (12-Städte-Bund) in Campanien und ihren eigenen zwölf Hauptorten in Etrurien. Während es in Campanien rund um Capua tatsächlich archäologische Beweise für eine etruskische Dominanz in dieser Zeit gibt, fehlen uns heute noch die Belege für eine dauernde etruskische Besiedlung der Po-Ebene. Ausgeschlossen ist eine permanente Anwesenheit von Etruskern in Oberitalien aber nicht. Atria, das heutige Adria, wird von Livius als etruskische Kolonie bezeichnet; das etruskische Spina, in den heutigen Sümpfen bei Comacchio gelegen, hatte sogar ein Schatzhaus in Delphi. Neue Ausgrabungen der Universität von Ferrara haben südöstlich von Rovigo in San Cassiano di Crespino nördlich des Po zum ersten Mal ein aus Stein errichtetes etruskisches Gebäude, wohl ein Herrenhaus, an den Tag gebracht. Südlich von Rovigo und ebenfalls nördlich des Po wurden in der Gemarkung Balone vier Gräber freigelegt, die etruskische Bronzen, attische und venetische Keramiken enthielten. Einzelne etruskische Bronzen sind an verschiedenen Stellen der Padana aufgetaucht. Die Präsenz der Etrusker ist auch in der westlichen Padana durch Inschriften auf Stein gesichert, so etwa bei Turin und zwischen Como und Chiasso. Jedoch fehlt es an etruskischen Friedhöfen und «Städten», um die antike Vermutung zu belegen, die Etrusker hätten die gesamte Po-Ebene im 6. Jh. v. Chr. beherrscht.

Seit der Mitte des 6. Jhs. v. Chr. floriert der Handel zwischen Griechen und Etruskern auf der neuen Route über die Adria. In einem natürlichen Hafen an der Adria, in Spina, entstand in sumpfigem Gebiet einer tiefen Bucht eine Pfahlbausiedlung mit einer Sicherung aus Palisaden.

Ein zweiter Adriahafen wurde kurz darauf eröffnet: Atria (Adria), das auf festem Land hinter den noch heute im Luftbild sichtbaren antiken Dünen an der Mündung eines Po-Arms liegt. In beiden Städten wurden massenhaft attische Gefäße gefunden, die nie ihren Bestimmungsort in Etrurien erreichten. Zur Organisation der Transporte wurde kürzlich die These aufgestellt, daß die Athener wahrscheinlich wegen Seeräuber gegen Entgelt Geleitschutz des Inselstaates Korkyra (Korfu) erhielten.

Die Funde aus den Nekropolen Spina befinden sich heute in dem Museo Archeologico von Ferrara, das seinen Sitz in dem schönsten Renaissance-Palast hat, dem Palazzo di Ludovico il Moro, während die Funde aus dem Stadtgebiet von Adria im Museo Nazionale di Adria untergebracht sind. Beide Sammlungen beherbergen kostbarste Zeugnisse attischer Keramik. Die Funde aus Balone und San Cassiano di Crespino sind neuerdings im Museo dei Grandi Fiumi in Rovigo ausgestellt, das im ehemaligen Olivetaner-Kloster im Süden der Stadt untergebracht ist.

Veneter in der östlichen Padana

Deutlichere Spuren haben in der Padana die Veneter hinterlassen. Es ist die bodenständige Bevölkerung der Region Veneto,

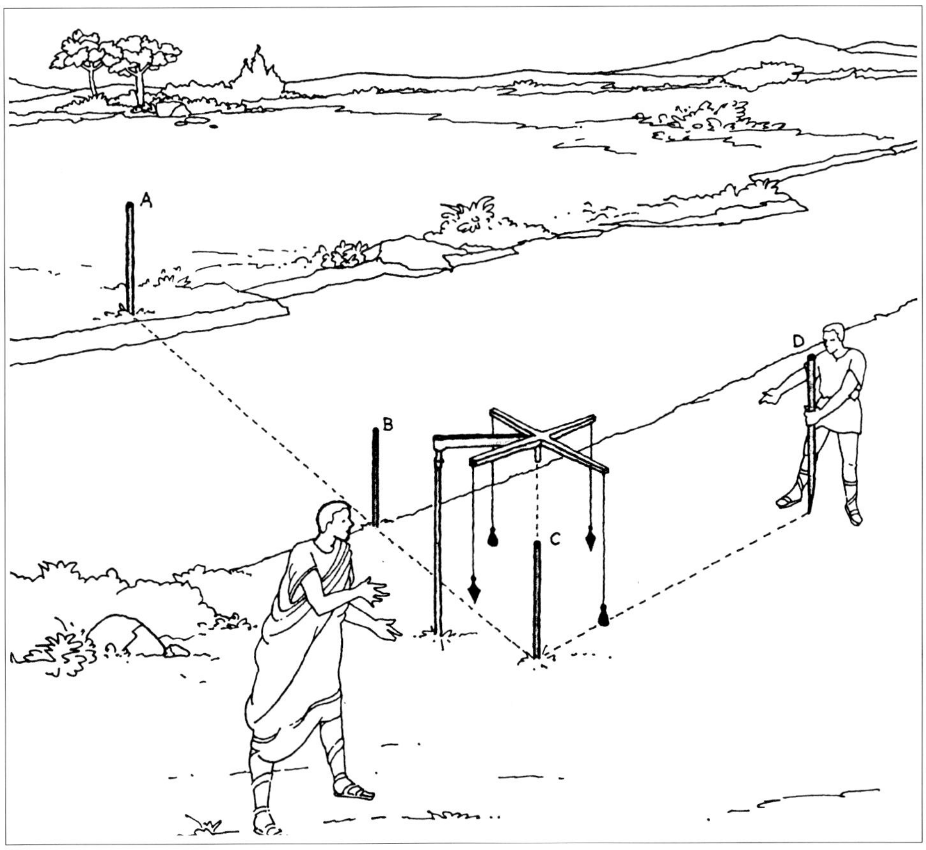

3a

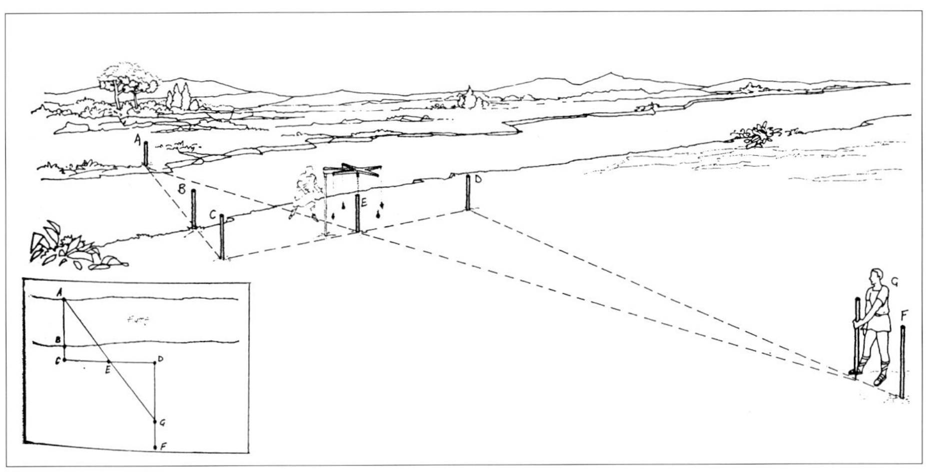

3b

die wir an ihrer besonderen Schrift und ihrer Keramik erkennen. Nach den Fundorten erschlossen, erstreckte sich ihr Gebiet von Ravenna bis Verona, von dort entlang des Alpenfusses bis nach Belluno und fast bis Aquileia. Antike Nachrichten finden sich schon bei Herodot, ausführlich aber berichtet relativ spät Polybios im 3. Jh. v. Chr. über sie (2. Buch, 17. Kapitel): Die Veneter bilden einen Puffer zwischen den unruhigen Illyrern einerseits, die ihr Stammesgebiet hinter Triest auf dem Balkan haben, und den Kelten in der Po-Ebene andererseits. In ihrer Tracht gleichen sie den Kelten, haben aber eine eigene Sprache. Die Veneter sind, soweit wir das heute beurteilen können, tatsächlich eine eigene Kulturregion, die sich zwar dem griechischen Flair geöffnet hat, aber das Griechische oder Etruskische nicht imitiert. Vielmehr folgen die Veneter den Traditionen der Estekultur und setzen sie in den Zeiten fort, als in Este selbst diese Kultur erloschen ist. Da die Veneter an der Küste der Adria siedeln, gilt unser Interesse für das folgende speziell diesem Stamm.

Kelten in der westlichen Padana

Seit der Mitte des 5. Jhs. v. Chr. haben die Kelten vor allem die westliche Po-Ebene okkupiert. Sie kamen aus Frankreich oder aus den Alpen in die weitläufige Ebene, weil diese fruchtbare Landschaft ihr Interesse geweckt hatte. Polybios bietet mit einem großen Exkurs im 2. Buch seines Geschichtswerkes die anschaulichste Darstellung der Po-Ebene und der Kelten. Als erste nennt er die Taurisker, die sich in der Gegend von Turin niedergelassen hatten, dann – neben kleineren Keltenstämmen – die Insubrer rund um Mailand und die Cenomanen zwischen Mantua, Verona und Brescia. Südlich des Po siedelten Anaren und Bojer, Lingonen und Senonen. Livius (5,33–34) schreibt für das Jahr 391 v. Chr., daß eine Gruppe Kelten, von der Fruchtbarkeit des Landes und der Menge des Weines angelockt, die Cottischen Alpen überschritten und sich bei Turin niedergelassen hätten; ihnen folgten unter ihrem Anführer Elitovius die eben genannten Cenomanen über den Großen Sankt Bernhard. Dann kamen die Bojer und Lingonen, die südlich des Po siedelten und das Gebiet den Etruskern und Umbrern genommen hätten (Livius 5,35,1–2). Aber dieser Einwanderung von Kelten im frühen 4. Jh. v. Chr. wären bereits 200 Jahre früher Kelteneinfälle und Kämpfe mit den Etruskern voraus gegangen (Livius 5,33,5–6).

Die Kelten trieben in der Hauptsache

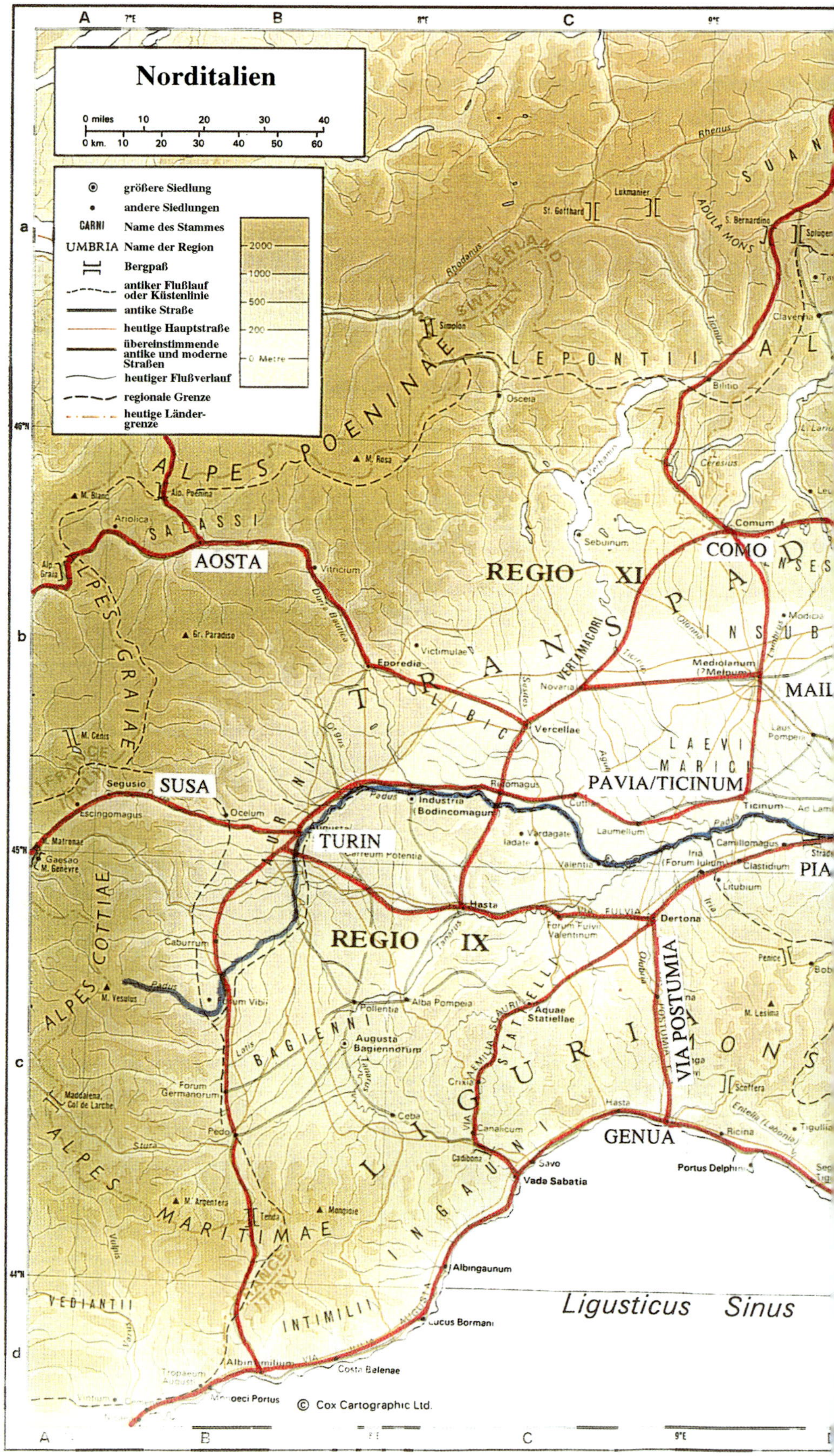

4

Vieh- und Landwirtschaft, wohnten in unbefestigten Dörfern und waren gefürchtete Krieger. Die Verteilung der Kelten und Veneter in der Po-Ebene wird durch die archäologischen Funde, hauptsächlich Friedhöfe mit keltischem Geschirr und schwerem Bronzeschmuck, bestätigt: von den Westalpen bis ins mantuanische Gebiet reichen diese Funde, finden sich aber nicht in Venetien. Die Kelten, sagt Polybios, haben die Etrusker aus der Po-Ebene vertrieben. Daß die Kelten die Padana ein-

Abb. 4 Staatsstraßen in der Padana und einzelne Städte. Die Ordnung nach Regionen («regiones») hatte Augustus eingeführt.

nehmen konnten, ohne auf ernsthaften Widerstand der Etrusker zu stoßen (jedenfalls berichtet keine antike Quelle davon), macht deutlich, daß die Präsenz der Etrusker nicht auf eine dauerhafte Okkupation der Po-Ebene ausgerichtet war.

In dieser Zeit, die der griechischen Klassik und dem Hellenismus entspricht, sind die Kelten überall als beunruhigendes Element der Stadtkulturen am nördlichen Rand des Mittelmeers und der Ägäis virulent. Für Rom aber stellten sie eine existentielle Gefährdung dar, seit sie auf ihren Streif- und Raubzügen erstmals 390 v. Chr. sogar die römische Hauptstadt bis auf das Kapitol – die kapitolinischen Gänse hielten Wacht – erobert hatten (Livius 5,37–47). Unter ihrem Anführer Brennus hatten die Kelten zuvor die Römer an der Allia in die Flucht geschlagen, nur elf Meilen vor der damaligen Stadtgrenze Roms. Tagelang konnten die Kelten in Rom ungestört plündern und brennen, bevor sich die Römer von diesem Schock erholten und sich endlich unter Camillus zur Abwehr formierten.

Kelteneinfälle nach Mittelitalien wiederholten sich immer wieder im 4. und 3. Jh. v. Chr. Nach vielen Kämpfen mit den Kelten entschlossen sich endlich die Römer, die Kelten mit militärischer Macht aus der Po-Ebene zu verdrängen.

Römische Besetzung der Padana

Die Römer unterwerfen zunächst Etrurien, das sich zeitweise mit den Kelten gegen Rom verbündet hatte, und weiten dadurch ihren Machtanspruch bis zum Apennin aus. Im Verlauf des 1. Punischen Krieges (264–241 v. Chr.) wird die Padana als Schwachstelle im römischen Verteidigungssystem erkannt. Rom reagiert: Mit einer römischen Besetzung und Kolonisierung der südlichen Po-Ebene am Ende des 3. Jhs. v. Chr. werden einerseits die Kelten in die Alpen zurückgedrängt, andererseits ein Vorfeld außerhalb des römischen Stammlandes geschaffen. Nach etwa 180 Jahren geht damit die keltische Herrschaft hier zu Ende, aber noch nicht nördlich des Po in der Transpadana. Die Römer, denen die Sicherung der Padana aufgetragen war, trafen auf eine durchaus gemischte Bevölkerung, die unter der neuen Herrschaft vor allem eine effiziente Verwaltung kennenlernte. Straßenbau, Anlage von römischen Städten (*coloniae*) und später die Einrichtung der *Provincia Gallia Cisalpina* waren die Mittel der Herrschaft. Es war aber keineswegs ein Austausch der Bevölkerung durch «echte Römer». Dennoch hatte die neue Ordnung die Romanisierung der Padana zum Ziel – die kulturelle und zivilisatorische Einheit ohne Ansehen der ursprünglichen Stammeszugehörigkeit.

Als erstes werden einige befestigte militärische Kolonien angelegt, Vorgänger der heutigen Städte Cremona (218 v. Chr.), Pisaurum/Pesaro (189 v. Chr.), Parma und Mutina/Modena (183 v. Chr.) als Militärkolonien, Piacenza (219/218 v. Chr.), Bononia/Bologna (189 v. Chr.), Aquileia und Luca/Lucca (181 und 180 v. Chr.) als latinische Kolonien. Es ging in dieser Phase offensichtlich darum, die Landschaft südlich des Po in Besitz zu nehmen, nur Cremona bildete einen Brückenkopf zur nördlichen Po-Ebene (Transpadana).

Die frühesten Kolonien wurden bereits im 2. Punischen Krieg (218–201 v. Chr.) von Hannibal wieder zerstört. Neugründungen erfolgten unmittelbar nach Ende des Krieges, verbunden mit dem aufwendigen Bau einer ersten Heer- und Landstraße (*via publica* = Staatsstraße), nämlich der Via Aemilia.

Die großen römischen Straßen

Der Bau fester Überlandstraßen wurde von den Römern ihren Spitzenbeamten, den Konsuln, anvertraut, was die Bedeutung dieser Konsularstraßen sowohl in der Organisation wie im damit verbundenen Prestige unterstreicht. Vorbild aller Staatsstraßen blieb die Via Appia, die seit dem Jahre 312 v. Chr. Rom mit Capua verband und später über Benevent bis nach Brindisi weiter geführt wurde. Solche Straßen erfüllten sehr unterschiedliche Aufgaben: sie waren gleichzeitig Heerstraßen für schnelle und effiziente Truppenbewegungen, Transportwege für Handelsgüter, Pisten für Postreiter und Reisende. Vorbild mögen für die verschiedenen Funktionen die persischen Fernstraßen gewesen sein – griechische Vorbilder gibt es nicht. Ferner waren in möglichst gleichen Abständen Versorgungsstationen und Rasthäuser angelegt, die sich nach den Tagesmärschen der Legionen richteten: alle 30 km sind solche Stationen nachweisbar.

Mit den Staatsstraßen waren aber noch weitere Einrichtungen verbunden. Römische Straßen verlaufen idealiter schnurgerade und mit möglichst geringem Gefälle: in ihrem Lauf mußten daher Brücken errichtet und Berge zerschnitten werden. Zusammen mit den Meilensteinen sind diese Straßen deshalb auch Richtschnur für die Landvermessung und die Besteuerung der zugewiesenen Ackerflächen. Es versteht sich, daß dafür Spezialisten, Agrimensoren, eingesetzt wurden, die die Feldergrößen einmaßen und die Grenzsteine setzten. In vielen Teilen Italiens, auch in der Padana, haben sich über weite Flächen bis heute diese Einteilungen erhalten (Abb. 2.72). Für die Vermessung wurde ein spezielles Stativ mit einem Achsenkreuz und daran vier an Schnüren pendelnden Bleiloten verwendet, die Groma (Abb. 3a.b): durch Peilen konnte mit diesem Gerät über große Distanzen die Flucht, also die gerade Linie und Richtung, eingemessen werden, aber auch der exakte rechte Winkel zu dieser Linie. Voraussetzung war, daß die Groma so konstruiert wurde, daß der tragende Pfahl nicht unter dem Achsenkreuz lag, was das Peilen über die Schnüre verhindert hätte, sondern außerhalb des Mittelpunktes angebracht war.

Diese Vielfalt von Funktionen der römischen Staatsstraßen erforderte einen hohen Planungsaufwand, welcher sich sehr gut in der Anlage der Städte und der Straßen in der Padana widerspiegelt: Waren die Kolonien wie Cremona und Piacenza seit 218 v. Chr. schon installiert, wird die Via Aemilia, die Rimini mit Piacenza verbindet (Abb. 4), doch erst 187 v. Chr., also 31 Jahre später fertig. Rechnen wir die Zeit des 2. Punischen Krieges ab, so bleiben doch noch 10–12 Jahre Planungs- und Bauzeit übrig.

Rimini, der östliche Ausgangspunkt der Via Aemilia, war bereits im Jahre 268 v. Chr. gegründet worden als Bastion gegen die von Norden her eindringenden Fremden. Der Ort lag am Ende der von Rom kommenden Staatsstraße Via Flaminia und verfügte über einen leistungsfähigen Hafen. Der westliche Ausgangspunkt der Via Aemilia war Placentia/Piacenza, so daß zwischen beiden Punkten eine geradlinige Verbindung entstand. Im Jahre 188 v. Chr. wird an einem Abschnitt bei Forlì gebaut. Dies schließt man aus dem Namen Forum Livi/Forlì: der Senator C. Livius Salinator hatte in diesem Jahr die Provinz Gallia Cisalpina zur Verwaltung erhalten, also das diesseits der Alpen gelegene Gallien; in den folgenden Jahren sorgten die Konsuln C. Flaminius für den Ausbau der Strecke Rimini – Bologna und M. Aemilius Lepidus für die Strecke Piacenza – Bologna. An beiden, etwa gleich langen Abschnitten wurde gleichzeitig gearbeitet, doch erhielt die fertige, etwa 170 römische Meilen oder 300 km lange Straße den Namen des Aemilius. Noch heute lebt die Straße weiter in der schnurgeraden Strada Statale Nr. 9, an der die alten Städte Rimini, Cesena, Forlimpopoli, Forlì, Faenza, Imola, Bologna, Modena, Parma, Fidenza, Fiorenzuola und Piacenza liegen.

Die zweite wichtige Straße ist die Via Postumia (vgl. Abb. 4), die in Genua ihren Ausgangspunkt hat und zunächst über die Berge nach Piacenza verläuft. Benannt ist diese Straße nach dem Konsul des Jahres 148 v. Chr. Sie faßt in ihrem weiteren Verlauf am Südfuß der Voralpen nach Aquileia die breite Po-Ebene im Norden ein

Abb. 5 Meilenstein der Via Popilia aus dem Jahre 132 v. Chr.

und führt über Cremona und Bedriacum nach Brescia, Verona, Bergamo und Vicenza, überwindet die Alpenströme weitab vom Meer und erreicht endlich Aquileia.

Die dritte Staatsstraße mußte die breite Po-Ebene in der Nähe der Meeresküste überwinden und wird sich auf viele Brücken gestützt haben. Es ist die Via Popilia (vgl. Abb. 4), die von Rimini nach Altinum (nördlich von Venedig) verlief und an die Via Postumia angebunden wurde. Sie berührte die heutige Stadt Adria, wo ein altertümlicher, rechteckiger Meilenstein aus dem Jahre 132 v. Chr. gefunden wurde (Abb. 5): er beweist, daß die Entfernungsangabe von der Staatsgrenze am Rubikon und nicht von Rimini aus berechnet wurde. Benannt ist die Straße nach P. Popillius Laenas, der in diesem Jahr für den Straßenbau sorgte. Natürlich bestanden auch Abzweigungen nach Padua sowohl von der Via Popilia wie von der Via Postumia. Weitere Straßen zweiter Ordnung kamen im Laufe der Zeit hinzu und überzogen die gesamte Po-Ebene mit einem dichten Straßennetz.

Die Staatsgrenze

Die Entwicklung der neu geschaffenen römischen Provinz Gallia Cisalpina («das Gallien diesseits der Alpen», von Rom aus gesehen) läßt sich an den Daten des Straßenbaus recht gut ablesen. Zunächst galt das Interesse der Römer in der 1. Hälfte des 2. Jhs. v. Chr. dem Land südlich des Po. Erst in der 2. Hälfte des 2. Jhs. v. Chr. werden Straßen und Städte im Land nördlich des Po (Transpadana) angelegt; doch es ist nicht geklärt, wann genau die Provinz eingerichtet wurde und seit wann die Transpadana zu ihr gehörte. Jedenfalls lag die römische Staatsgrenze bis ins Jahr 43 v. Chr. weiterhin am Rubikon, etwa 12 km nördlich von Rimini entfernt. Solche Grenzen sind für die Römer von besonderer ritueller Bedeutung. Ein Feldherr durfte zwar mit seinen Legionen in den Provinzen Kriege führen, aber er durfte diese Grenze nicht überschreiten. Lucan schreibt im 1. Buch seines Epos über den Bürgerkrieg:

«Spärlich ergießt sich vom Quell und fließt, ein dürftiges Rinnsal,
Rötlich der Rubicon während der glühenden Hitze des Sommers,
Schleicht durch Talgründe hin und bildet die sichere Grenze
Zwischen der Gallischen Flur und Ausoniens pflügenden Bauern.»

Als Caesar diese Grenze im Jahre 49 v. Chr. mit seinen Truppen überschritt, bedeutete das Krieg mit Rom, Bürgerkrieg

5

zwischen Caesar und Pompeius auf römischem Boden («Ausonien»).

Nach Caesars Tod kam es bei Mutina/Modena im Jahre 44/43 v. Chr. zu einer tragischen Schlacht zwischen dem konsularischen Heer und den Truppen des Marcus Antonius, in dessen Verlauf die beiden Konsuln Hirtius und Pansa umkamen, Antonius aber in die Provence entfliehen konnte: er hatte die Statthalterschaft über die Gallia Cisalpina beansprucht, während der Senat sie dem D. Iunius Brutus zugesprochen hatte. Der spätere Kaiser Augustus, der die Konsuln unterstützen sollte, war mit seinen Einheiten nicht rechtzeitig erschienen, bemächtigte sich aber jetzt Roms. Obwohl sich die Auseinandersetzungen mit Antonius noch bis zur Schlacht von Actium (31 v. Chr.) hinzogen, löste Augustus spätestens 41 v. Chr. die Provincia Gallia Cisalpina auf und schlug sie dem römischen Staatsgebiet zu. Das ermöglichte Rom, die Veteranen aus den Armeen des Bürgerkriegs in großem Umfang in der Padana anzusiedeln. Von der Landverteilung unter Augustus, die gleichzeitig Enteignungen großer Ländereien nötig machte, war auch der Dichter Vergil betroffen, dessen väterliche Güter in der Nähe von Mantua lagen.

Die neue Ordnung nach Regionen, die Augustus eingeführt hatte, ist in Abb. 4 eingetragen. Die *Regio VI Umbria* und die *Regio VII Etruria* liegen südlich am Apennin, die *Regio IX Liguria* reicht im Westen vom Mittelmeer bis an den Po, die *Regio X Venetia* ist größer als das heutige Venetien, denn es umfaßt die Gegend von Mantua bis Aquileia; westlich schließt sich die *Regio XI Transpadana* an, die das heutige Piemont und die Lombardei umfaßt.

Städte in Oberitalien mit bedeutenden römischen Ruinen

Die meisten der Städte Oberitaliens sind antike Gründungen. Ein Teil von ihnen sind allerdings älter als die römische Kolonisation wie Mailand, das auf einen keltischen Stammessitz der Insubrer zurückgeht und zuvor in der Bronzezeit von Ligurern besiedelt war. Aber als Stadt wurden diese heutigen Städte von den Römern gegründet und sind seit 2000 Jahren durchgehend besiedelt gewesen, so daß die römischen Reste manchmal bis zu 5 m tief unter dem Boden verborgen sind. Überall kommen Funde zu Tage, sei es bei regulären Grabungen, sei es beim Haus- oder Straßenbau. Sie werden wissenschaftlich erfaßt und ausgewertet, schriftlich in Büchern und Aufsätzen dargelegt und in den vielen Museen anschaulich dokumentiert. An Ort und Stelle selbst ist jedoch nur noch wenig zu sehen. So schöne mittelalterliche Städte wie Mantua oder Padua haben zwar eine große antike Geschichte gehabt, doch sind diese Reste fast komplett überbaut.

Anderen Städten sieht man ihre römische Herkunft noch immer am heutigen Stadtplan an: die Straßen kreuzen sich rechtwinklig, moderne Hauptstraßen liegen noch auf den römischen Hauptachsen wie in Dertona (Tortona), Libarna, Alba, Ben Vagienna, Turin, Aosta, Luni, Albenga, Brescia, Como, Pavia, Verona, Aquileia … Zudem gibt es Städte, bei denen sich außerdem noch der Platz des Forum, das Theater, Amphitheater, Thermen, Stadtmauern und Tore, Häuser, Aquädukte und Gräberstraßen ausmachen lassen, von den frühchristlichen Bauten einmal abgesehen, die in vielen ihrer Kirchen den ältesten Baubestand bilden.

Nur verschwindend wenige oberitalienische Städte haben tatsächlich noch aufrecht stehende römische Bauten, seien sie gut erhalten, seien sie ruinös. Wollten wir die kaiserzeitliche römische Architektur nur aus diesen Resten rekonstruieren, so wären wir arm dran, glücklicherweise besteht aber eine Fülle von Denkmälern in

Abb. 6 Hier ein Eindruck von der Lage Aostas in einem weiten Kessel eines sonst engen Tales. Im Mittelgrund sind außer ein paar Häusern der Altstadt die große Wand des römischen Theaters zu sehen.

Abb. 7 Lage des römischen Aosta im Tal der Dora Baltea mit den drei Fernstraßen: nach Südwesten zum Kleinen St. Bernhard-Paß, nach Norden zum Großen St. Bernhard-Paß, nach Osten über Turin nach Rom.

Abb. 8 Neuer Grundriß des römischen Aosta mit allen bisher gefundenen Bauten, dem Straßennetz, den vier Stadttoren und den zwölf Türmen.

Abbildung auf Seite 14/15:

Abb. 9 So könnte Aosta in der Antike ausgesehen haben mit Großbauten wie Amphitheater und Theater in der oberen rechten Stadtecke, Forum mit Doppeltempel neben dem Nordtor, Thermen, Stadtmauer mit Toren und Türmen. Vor der Stadt befinden sich die Nekropolen an den Fernstraßen und rechts der Augustusbogen.

6

und um Rom, in den Vesuvstädten und in den römischen Provinzen, v. a. in Nordafrika, in der Türkei und im Nahen Osten, aber auch in West- und in Südosteuropa.

Den aufrecht stehenden römischen Bauten Oberitaliens wollen wir unsere Aufmerksamkeit zuwenden, da sie zu wenig im Bewußtsein der reisenden Zeitgenossen verankert sind, wobei sich unsere Auswahl nur auf die wirklich gut erhaltenen profanen Bauten oder Reste von Bauten bezieht, die beim Betrachter ein verläßliches Bild der gemeinten antiken Architekturen entstehen läßt. Das spätantike Ravenna wurde mit Bedacht nicht aufgenommen, weil es sich zu sehr von der kaiserzeitlichen Architektur anderer Städte unterscheidet.

Aosta (Abb. 6–18)

Im weiten Kessel eines sonst engen Bergtales, das von der aus den Gletschern des Mont-Blanc-Massivs gespeisten wilden

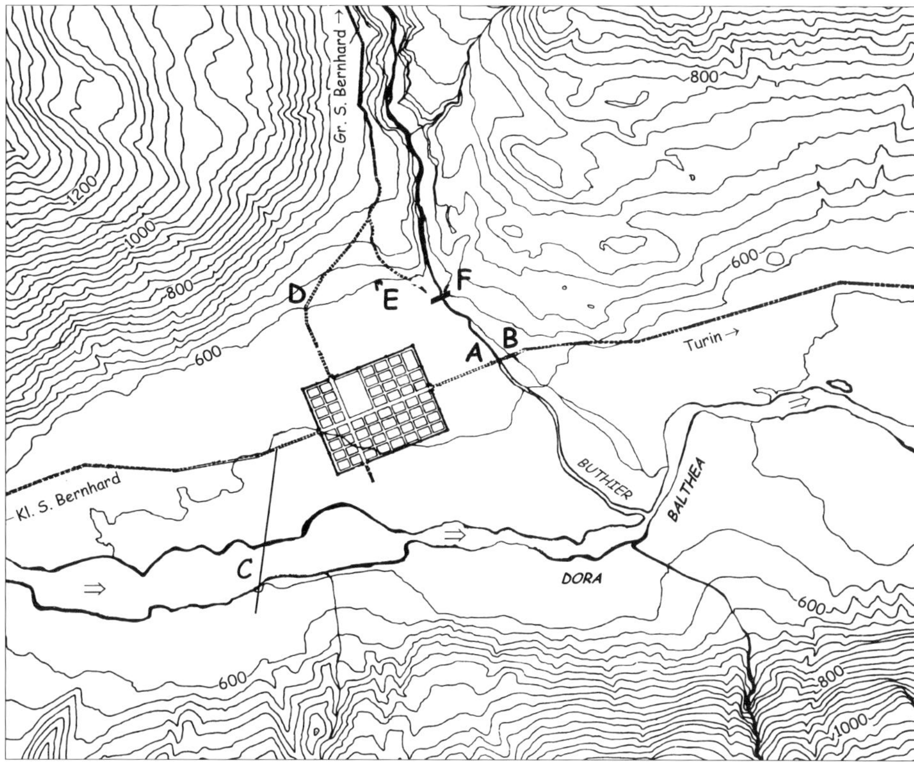

7

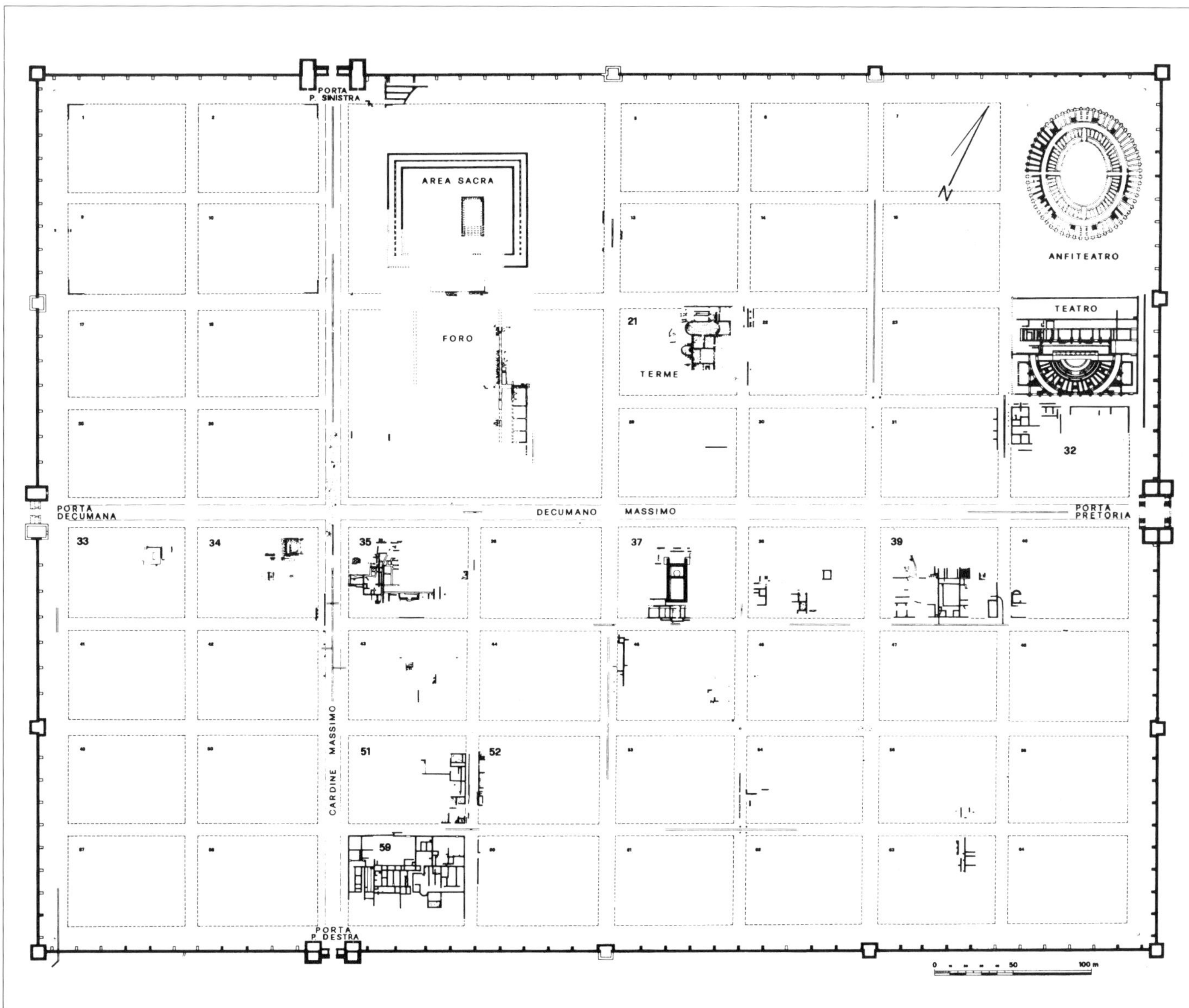

8

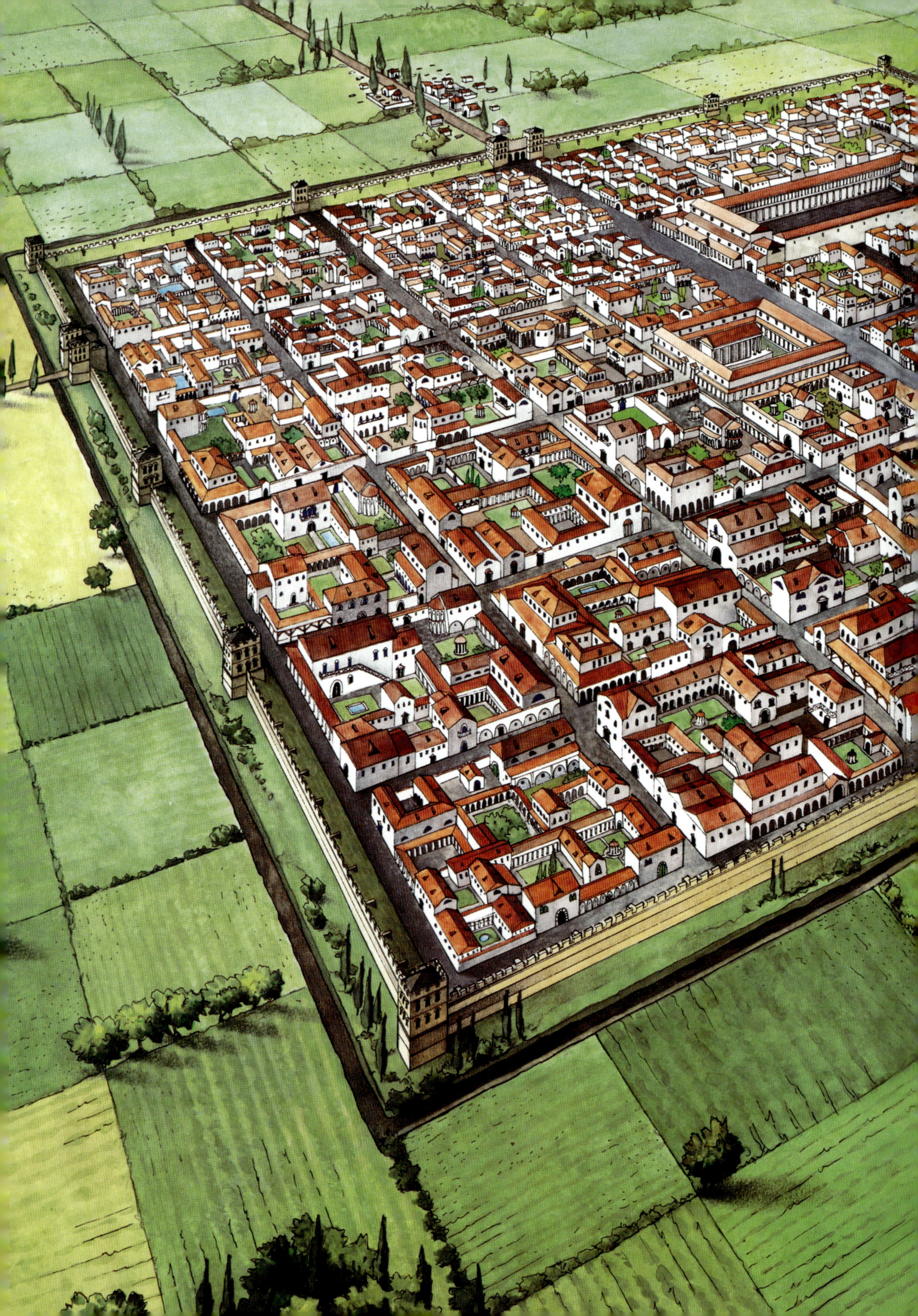

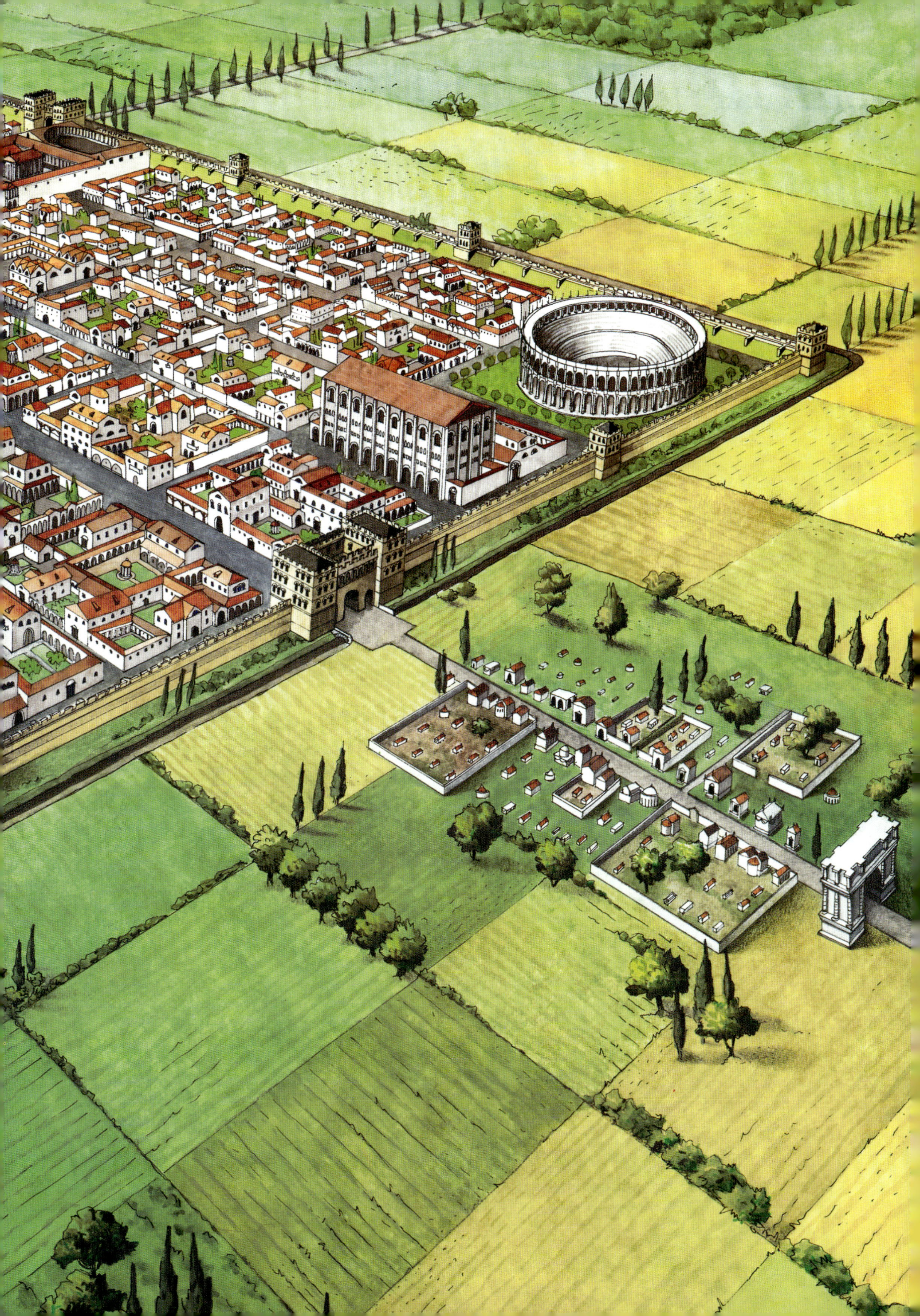

Dora Baltea durchflossen wird, liegt die Stadt Aosta vor der unvergleichlichen Kulisse der höchsten Berge der Alpen, des Mont Blanc, des Matterhorn, des Monte Rosa und des Gran Paradiso – alle sind es Viertausender (Abb. 6). So wie heute sich das abgelegene Aosta erst in neuester Zeit zu einem Touristenort entwickelt, ähnlich spät ist es von den Römern in seiner wichtigen strategischen Lage erkannt und ausgebaut worden. Durch seine abgeschiedene Lage und eine relativ ruhige Zeit unter savoyischer Herrschaft – einem Herrscherhaus, das immerhin 900 Jahre auf französischem und italienischem Boden seine Rolle spielte – haben sich in Aosta erstaunlich viele römische Ruinen erhalten. Es waren die massivsten Ruinen, die im Mittelalter zu Burgen umgebaut der Sicherheit der ansässigen Adelsgeschlechter dienten.

Das Aostatal war für die Römer durch die beiden Pässe, den südwestlich gelegenen Kleinen St. Bernhard und den nach Norden führenden Großen St. Bernhard, ein Zugang nach Gallien und nach Germanien (Abb. 7). Gallien war nach Caesars *Bellum Gallicum* in den Jahren 58–51 v. Chr. römische Provinz geworden, und Germanien kam als Folge der Feldzüge der römischen Feldherren aus

12

13

Abbildung auf Seite 16/17:

***Abb. 10** Ein Bogen vom seitlichen Zugang des Theaters von Aosta, dahinter ein teilweise rekonstruierter Stadtmauerturm und noch weiter ein romanischer Kirchturm – das alles vor großartiger Bergkulisse.*

Abbildung auf Seite 18:

***Abb. 11** Älteres Foto der berühmten Rückwand des Theaters von Aosta, jetzt ist sie zur Restaurierung eingerüstet. Zu sehen sind unten die bogenförmigen Eingänge, darüber zwei Geschosse mit Fenstern und ganz oben große Rundbogenfenster, die den Zuschauerraum bis zur Bühne erleuchteten. Das Theater ist mit schweren Rustikaquadern erbaut, den Druck der Ränge auf die Mauer fangen Strebepfeiler ab.*

***Abb. 12** Innenansicht des Theaters von Aosta. Das Bühnengebäude («skene») ist in seinen unteren Teilen gut erhalten und restauriert, ebenso die Spielfläche («pulpitum» – hier nicht sichtbar), links ist der Eingang («parodos») zu sehen und dahinter die unteren Reihen des Zuschauerraumes.*

***Abb. 13** Landseite der Porta Praetoria von Aosta mit Blick durch die mittlere Durchfahrt in den Torhof hinein. Hier ist die Marmorverkleidung, die die dunklen Quadern verdeckte, noch zu einem guten Teil erhalten.*

14

15

16

der kaiserlichen Familie Drusus (12–9 v. Chr.), Tiberius (4–6 n. Chr.) und Germanicus (14–16 n. Chr.) als Provinz zum römischen Imperium. Unter Kaiser Domitian wurden 90 n. Chr. dann die beiden westlich am Rhein gelegenen Provinzen Ober- und Niedergermanien eingerichtet, das heutige Deutschland bleibt zum größten Teil, auch infolge der von den Römern verlorenen Varus-Schlacht 9 n. Chr., das freie Germanien. Unter Kaiser Traian (98–117 n. Chr.) wurde der Limes die Grenze zwischen Römern und Germanen mit seinen Kastellen, Wachttürmen und Militärlagern, die sich bis zum Ende der Römerzeit um 400 n. Chr. gehalten haben. Von der Nordsee bis Remagen bildet der Rhein den Limes, dann bezieht er die Wetterau mit ein, einen Teil Südwestdeutschlands und von der Mündung der Altmühl ab bildet die Donau den Limes.

Aosta war also geographisch und strategisch ein wichtiger Platz. Aber ehe es zur römischen Stadt ausgebaut werden konnte, mußten die Römer den im Aostatal siedelnden keltischen Stamm der Salasser vertreiben: zehn Jahre dauerte der mit Verrat und Brutalität geführte Kampf und 24 v. Chr. wurde dann Aosta unter

Abb. 14 Blick auf die gerade restaurierte seitliche innere Torwand der Porta Praetoria von Aosta. Man erkennt die drei Geschosse mit Rundbogenfenstern, Halbsäulen und hellen Marmorgesimsen.

Abb. 15 Stadtseite der Porta Praetoria von Aosta mit den drei Durchgängen und einem der beiden Türme, der im Mittelalter ausgebaut wurde. Ursprünglich besaß der Turm drei Geschosse mit Rundbogenfenstern sowie einen Zinnenabschluß.

Abb. 16 Südliche Stadtmauer von Aosta von außen gesehen. Im Hintergrund erhebt sich der mit Zinnen bewehrte mittelalterliche Rundturm, der aus einem Torturm des Südtores gebaut worden ist.

Abb. 17 Als ruhende Insel im Verkehr steht außerhalb der Innenstadt von Aosta der Augustusbogen. Seine Besonderheiten zeigen, daß er zur Experimentierphase der römischen Ehrenbögen gehört: die die Öffnung umgebende Archivolte wird von den flankierenden Säulen abgeschnitten, über den ionischen Halbsäulen (unkannelliert!) trug ein verkröpfter dorischer Metopen-Triglyphen-Fries vielleicht einen Giebel unter der Attika.

Abb. 18 Der Brückenbogen über einen ehemaligen Zufluß der Dora Baltea in Aosta ist gut erhalten. Die großen Quader gehören zum ursprünglichen Bau, während die Abschnitte aus kleinen Steinen neueren Datums sind.

17

18

19

20

dem Namen Augusta Praetoria Salassorum als römische Koloniestadt gegründet. Der Name sagt, daß die Stadt im Gebiet der Salasser für 3000 Praetorianer, die römischen Elitesoldaten, gegründet wurde.

Die heutige Stadt läßt noch gut den regelmäßigen Grundriß erkennen, mit dem sie unter Kaiser Augustus angelegt worden war, die zentrale Fußgängerstraße Rue Eduard Aubert ist der römische Decumanus maximus, also die ostwestliche Hauptstraße. Die Stadt gilt als eins der Paradebeispiele römischer Stadtplanung: die etwa 2,5 km lange Stadtmauer, die ursprünglich 10–13 m hoch war, umgab die Stadt als ungestörtes Rechteck von 724 m zu 572 m, die durch ein rechtwinkliges Straßennetz in acht mal acht *insulae* von 75 zu 57,50 m eingeteilt war (Abb. 8). *Insula* ist die kleinste Einheit bei der römischen Stadtplanung, es ist die eingebürgerte Bezeichnung für ein rechteckiges, allseitig von öffentlichen Straßen umgebenes Viertel, in das sich mehrere Wohnhäuser teilten oder das von einem öffentlichen Gebäude besetzt wurde. Die Straßen sind alle parallel zu den beiden Hauptstraßen der Stadt angelegt, dem ostwestlich verlaufenden Decumanus maximus und dem nordsüdlich verlaufenden Cardo maximus. An der Kreuzung beider Straßen befindet sich in römischen Städten das Forum, der Marktplatz der Stadt, mit dem Kapitol, dem Haupttempel, und mit anderen öffentlichen Gebäuden wie Hallen, weiteren Tempeln, der Basilika für Gerichtsverhandlungen und anderen

***Abb. 19** Römische Brücke in Pont-St. Martin. Fast 2000 Jahre lang ging der ganze Verkehr im Aostatal über diese große Brücke, an der nur die obere Straßenbegrenzung modern ist.*

***Abb. 20** Direkt aus dem Felsen gehauene römische Straße bei Donnas, bei der die durch Wagenräder entstandenen Rinnen im Straßenprofil sichtbar sind. Bei dem aus dem Fels gehauenen Bogen ist rechts die glatt abgearbeitete Wand zu erkennen, im Hintergrund sieht man an der Wand den Meilenstein.*

***Abb. 21** Der barocke Palazzo Madama in Turin wurde an die Stadtseite des östlichen Stadttores vor das mittelalterliche Kastell gebaut.*

***Abb. 22** Aus dem modernen Stadtplan von Turin läßt sich der römische unschwer herauslesen, zumal die Funde von Pflasterung und den in der Straßenmitte verlaufenden Abwasserkanälen den Verlauf aller Straßen eindeutig festlegen.*

21

Verwaltungsgebäuden. An das Ende der Hauptstraßen gehören die vier großen Stadttore und an das jeder Nebenstraße ein Stadtmauerturm (Abb. 9). Dieser Idealplan ist in Aosta tatsächlich verwirklicht worden, allerdings mit geländebedingten Variationen: die Stadt ist nicht genau nach den Himmelsrichtungen angelegt und der Cardo maximus verläuft verschoben an der Seite, während der Decumanus wirklich die große mittlere Querachse darstellte. Das Forum lag neben der Kreuzung beider Achsen mit einem Tempelbezirk im Norden, es ist allerdings nichts mehr davon zu besichtigen. Erhalten ist aber eine gewaltige dreiseitige Kryptoportikus auf dem Platz vor der Kathedrale, eine unterirdische Galerie also, die durch starke Pfeiler in zwei Schiffe unterteilt, mit Tonnengewölben bedeckt und durch schmale Fenster beleuchtet und belüftet wurde. Er diente als bedeckter Markt oder als städtischer Speicher und ist ein bekannter römischer Bautypus, besonders im Zusammenhang mit dem Forum, in Brescia werden wir ihn wiederfinden. Darüber lag der erhöhte Platz für den Tempel, in Aosta gab es wahrscheinlich zwei nebeneinanderliegende.

Römische Häuser wurden durch Grabungen in verschiedenen *insulae* festge-

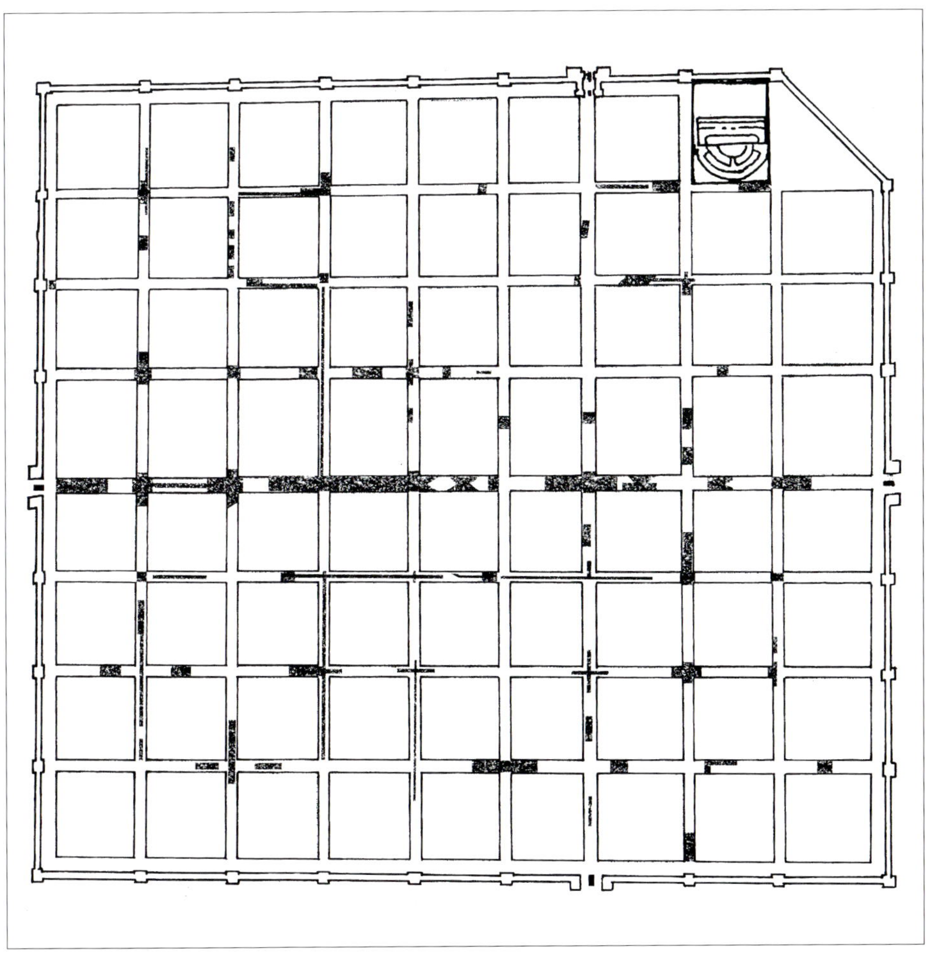

22

23

24

Abb. 23 **Die Porta Palatina von Turin, von der Stadtinnenseite gesehen: vorne sieht man noch ein Stück römischer Straße, dann folgt die Außenmauer des Torhofes mit Durchgängen und Fenstergalerien und die beiden Türme mit Bogenfenstern.**

Abb. 24 **Die Stadtaußenseite der Porta Palatina von Turin mit hellem Marmorarchitrav über den Durchgängen, der die rote Ziegelarchitektur schmückt.**

Abb. 25 **Neben der Porta Palatina von Turin steht ein Teil der Stadtmauer, so daß man sich ihre ehemalige Mächtigkeit vorstellen kann. Man erkennt gut die Bautechnik der Innenseite: Gußmauerwerk und dazwischen horizontale Ziegelreihen.**

Abb. 26 **Das mittelalterliche Kastell, das direkt auf die römische Porta Praetoria von Turin gesetzt wurde. Man erkennt drei der vier Türme sowie die gut erhaltene römische Torwand. Der Palazzo Madama befindet sich auf der anderen Seite des Kastells.**

25

26

27

28

stellt, teilweise waren es luxuriöse Anlagen mit Mosaiken und von großer Ausdehnung. Auch die Hauptstraßen waren, wie es in römischen Städten häufig ist, von Portiken, also überdachten Fußwegen, eingefaßt. Neben dem Forum lagen die Thermen, die großen öffentlichen Bäder, die in Ausgrabungen erfaßt, aber nur teilweise zeichnerisch rekonstruierbar sind. Sie wurden um die Mitte des 1. Jhs. n. Chr. erbaut und im 4. Jh. n. Chr. zerstört, als die Macht des römischen Reiches ihrem Ende zu ging. In der nordöstlichen Ecke innerhalb der Stadtmauern befand sich das Amphitheater für etwa 15 000 Zuschauer, ausgelegt natürlich nicht nur für die Bewohner der Stadt, sondern auch für die Umwohnenden, weshalb es so am Rande der Stadt liegt (wie etwa auch in Xanten und in vielen anderen römischen Städten). Damit sollten die Menschenmassen ohne Berührung des Stadtzentrums hinein und ebenso wieder hinaus geleitet werden. In die Ruinen des Amphitheaters wurde das Kloster der Hl. Katharina hineingebaut. Teile der römischen Mauer sind dadurch erhalten geblieben, im Klostergarten befindet sich (leider nicht zugänglich) ein Teil der Mauer des äußeren Ringes mit acht rundbogigen Eingängen.

Doch berühmt ist Aosta für sein Theater mit der gewaltigen Rückwand (Abb. 11), für die gut erhaltene Stadtmauer mit den Türmen, für die wehrhafte Porta Praetoria und für den Ehrenbogen des Augustus. Das Theater befindet sich nicht weit vom östlichen Stadttor entfernt in einem gepflegten und durch Wege und Brücken begehbar gemachten Ausgrabungsbezirk, der an der noch für einige Jahre der Restaurierung eingerüsteten großen Ruine der Theaterrückwand erkennbar ist. Einstmals bildete das Theater zusammen mit dem Amphitheater einen großen Bezirk, denn zwischen beiden Gebäuden gab es eine an die Bühnenwand des Theaters

***Abb. 27** Blick auf die Ausgrabungen des römischen Theaters von Turin, dessen andere Hälfte der Orchestra sich unter dem darüber erbauten Neuen Flügel des Königlichen Schlosses befindet.*

***Abb. 28** Landseite des römischen Stadttores von Susa, das zwischen der Kathedrale (links) und einem Haus eingebaut ist und durch das noch immer ein Teil des Verkehrs in die enge Altstadt führt.*

***Abb. 29** Detail der Landseite des römischen Stadttores von Susa mit den versetzten Fenstern der Galerien an Tormauer und Turm.*

29

angebaute lange Wandelhalle (Portikus). Der Zuschauerraum des Theaters mit den halbrunden Sitzreihen war an allen drei Seiten von schweren Mauern umgeben, die den Unterbau für die Ränge (Substruktionen) abstützten und verdeckten und die wahrscheinlich machen, daß dieses Theater seltenerweise überdacht war. Fast die Hälfte der Rückwandmauer des Bühnenhauses steht mit 22 m Höhe in vier durch Strebepfeiler abgetrennten Jochen noch aufrecht (Abb. 11). Vom Innenleben des Theaters sind noch einige restaurierte Sitzreihen erhalten, auch das Bühnenhaus ist noch gut zu erkennen (Abb. 12). Die große Anlage von Theater, Portikus und Amphitheater ist in dieser Reihenfolge seit der augusteischen Zeit bis hin zur Mitte des 1. Jhs. n. Chr. gebaut worden.

Die Stadtmauer ist mit mehreren ihrer ehemals 20eckigen Türmen sehr gut erhalten, einige Türme wurden im Mittelalter zu Adelsburgen ausgebaut, so die Torre del Pailleron, Torre di Bramafan und Torre del Lebbroso. Vor allem bei dem jetzt restaurierten Turm, der Torre del Lebbroso, kann man sich das ursprüngliche Aussehen und die Höhe noch gut vorstellen. Das Haupttor der Stadt, die im Osten liegende Porta Praetoria an der ins Innere Italiens führenden Fernstraße, ist sehr gut erhalten und muß auch auf Ankommende beeindruckend gewirkt haben (Abb. 13). Dieser Bau kann zu den gut bekannten Stadttoren der römischen Welt gezählt werden: zwei starke rechteckige Türme begrenzen auf beiden Seiten einen Torhof, dessen äußere Mauer die enorme Dicke von 4,53 m hat und die innere immerhin noch 3,45 m. In jeder Mauer gibt es drei rundbogige Durchgänge: der mittlere für die Wagen ist breiter und höher, die beiden seitlichen sind schmal und klein für die Fußgänger. Die Wände über den Durchgängen und innen im Torhof waren als Schmuckfassaden gebildet (Abb. 14). Unten zwischen den Ausgängen der Außenseite befinden sich Nischen, vielleicht für Statuen. Heute wird das Tor als Fußgängerdurchgang auf der Hauptstraße vom Stadtinneren zur Außenstadt benutzt. Es macht mit den großen Quadern aus dunklem Stein und in seiner imposanten Erhaltung noch immer einen wehrhaften Eindruck (Abb. 15). Der eine Turm wurde im 12. Jh. erhöht, der andere ist nicht mehr hoch erhalten. Der Typus mit rechteckigen Tortürmen, die außen nicht sehr weit vorspringen, stammt aus der Lagerarchitektur, weil so das vorgelegte Grabensystem nicht gestört wird. Später dann wird er auch für Stadttore verwendet, wie in Autun oder Köln. Eleganter sind die Tore mit runden, vieleckigen Türmen wie in Turin, einen dritten Typus mit vorgezogenen halbrunden Türmen vertritt etwa die Porta Nigra in Trier.

Die anderen drei Stadttore in Aosta sind neuerdings durch Ausgrabungen sichtbar gemacht worden, eine beeindruckende Leistung der örtlichen Archäologen. Das Nordtor (Porta Principalis Sinistra) befindet sich in einer seit knapp zehn Jahren öffentlich zugänglichen Flächengrabung unter dem Museum. Ergraben sind Teile des östlichen Torturmes und eines großen Bogens, wohl der Abschluß des Forumplatzes. Mit Hilfe der anschaulichen Aufarbeitungen besonders der neueren Forschungen und eines Stadtmodelles im Archäologischen Museum kann man sich in das Gewirr der römischen und mittelalterlichen Mauern gut einsehen.

Das Westtor am Decumanus maximus wird gerade ausgegraben, einer seiner Tortürme ist bis zu zwei Stockwerken in einem darüber gebauten Haus erhalten (Rue Eduard Aubert Nr. 74); davor liegen die Grundmauern im Boden.

Vom Südtor (Porta Principalis Dextera) ist der eine Turm in mehr als sechs Mauerschichten erhalten und freigelegt, der andere steckt verbaut in der mittelalter-

30

31

lichen Burg, die eindrucksvoll mitsamt der hoch anstehenden römischen Stadtmauer die Südseite der alten Stadt markiert und gegen den modernen Verkehr absetzt (Abb. 16).

Außerhalb der Porta Praetoria befand sich wie immer bei römischen Städten der Friedhof zu beiden Seiten der Straße: die Vorübergehenden sollten der Toten gedenken, wie in vielen Grabsprüchen zum Ausdruck kommt. Die der Stadt am nächsten gelegenen Gräber und jene vorne an der Straße mußten am teuersten bezahlt werden, die hinteren waren für weniger Betuchte, ganz hinten für Sklaven bestimmt, sofern sie nicht im Grabbezirk ihrer Besitzerfamilie beigesetzt wurden. Hier auf der großen Landstraße nach Ivrea, dem antiken Kleinstädtchen Eporedia, die dann weiter nach Turin, der großen Stadt, führte, steht der Ehrenbogen für Kaiser Augustus (Abb. 17). Seine Proportionen haben sich in den letzten zwei Jahrtausenden von der Höhe in die Breite verschoben, weil ihm die Attika mit der Inschrift und das darauf befindliche Viergespann mit Kaiser Augustus abhanden gekommen sind. Die Inschrift ist erhalten und daher wissen wir, daß seine Errichtung vom Senat beschlossen wurde, um die Siege von 25 v. Chr. über das Volk der Salasser zu feiern.

Etwa 150 m weiter führte dieselbe Straße über eine römische Brücke, die einstmals einen Nebenfluß der Dora Baltea überspannte (Abb. 18). Der kleine Fluß rückte im 13. Jh. näher an die Stadt heran, so daß die Brücke, die aus einem einzigen großen Bogen von 17 m Spannweite aus 31 Keilsteinen konstruiert ist, heute gut restauriert im Trockenen inmitten eines malerischen mittelalterlichen Stadtteiles steht.

***Abb. 30** Erhaltene Bögen des Aquädukts von Susa neben dem spätrömischen Kastell (rechts), vorn links der Druidenfelsen, im Hintergrund der Augustusbogen.*

***Abb. 31** Der gut aus allen späteren Anbauten herausgeschälte Augustusbogen von Susa, der von den Löchern der Metallräuber übersät ist.*

***Abb. 32** Die Inschrift auf der Attika des Bogens von Susa ist noch immer gut lesbar, da die Bronzebuchstaben in vorgehauene Vertiefungen eingesetzt waren.*

***Abb. 33** Der Ausschnitt aus dem Fries des Bogens von Susa zeigt die Vertragspartner auf Klapphockern zu beiden Seiten eines Altares. Ob es wohl Kaiser Augustus gefallen hat, gleichrangig mit einem kleinen Keltenfürsten dargestellt zu werden?*

Mehrere römische Brücken sind dort in den Schluchten der Westalpen erhalten, die beste und noch bis 1831 für den gesamten Verkehr im Aostatal benutzte finden wir auf derselben Straße weiter Richtung Turin im Ort Pont-St. Martin. Sie ist eine der schönsten und größten römischen Brücken dort und hat zudem alle Überschwemmungen der letzten Jahre überstanden, die sonst viel Unheil angerichtet haben, denn sie wurde geschickt oben an die Felsen gebaut, entfernt vom reißenden Hauptfluß des Tales (Abb. 19). Die Brücke besteht aus einem einzigen eleganten Bogen mit der enormen Spannweite von 35,65 m und ist auch deswegen so haltbar, weil ihr mittlerer Bogenabschnitt aus fünf einzeln nebeneinander gemauerten und verklammerten Keilsteinbögen besteht, zwischen denen kleinere Steine eingefüllt sind.

In Sichtweite zu Pont-St. Martin liegt der nächsthöhere Ort im Tal, Donnas, wo eine direkt in den Felsen eingehauene recht breite Römerstraße zu sehen ist (Abb. 20). Offenbar floß der Fluß so dicht am Felsen entlang, daß man diesen auf eine Länge von etwa 230 m als glatte Wand bis zu 10 m Höhe abarbeitete, um den 4,77 m breiten Fahrweg zu erhalten. Wagenspuren zeigen, daß man gleichzeitig in zwei Richtungen fahren konnte. Zu dieser Steinmetzleistung kommt hinzu, daß man sozusagen als Blickfang ein Stück Felsen stehenließ und daraus einen schönen Bogen herausarbeitete, bei dem die Keilsteine in Ritzung angegeben sind. Etwa 50 m hinter dem Bogen trägt ein aus dem Felsen gehauener Meilenstein eine XXXVI, d.h. es sind noch 36 römische Meilen bis Aosta. Die römischen Meßtechniker haben auch Spuren ihrer Arbeit hinterlassen: auf der Wand befindet sich gleichmäßig in 2 m Höhe über dem Straßenniveau eine Ritzlinie und vertikale kleine Kreise in Abständen als Meßmarken. Die ganze Anlage, die in der Zeit vom 1. Jh. v. Chr. bis 1. Jh. n. Chr. angelegt worden ist, wird heute durch einen Zaun geschützt, ist aber begehbar.

Die römische Stadt Aosta ist eins der besten Beispiele, wenn es um die Erläuterung des römischen Stadtplanes geht und die Römerreste aus ihrer Umgebung sind Besonderheiten, nach denen man sonst lange suchen müßte.

32

33

Turin (Abb. 21–27)

Die heutige Großstadt Turin, die Hauptstadt des Piemont, steht ebenso über einer römischen Stadt, wie an ihrem ausgeprägten rechtwinkligen Straßennetz unschwer zu erkennen ist. So wie Turin der westlichste Verkehrsknoten Italiens ist mit seinen Autobahnen nach Aosta im Norden und nach Susa im Westen und weiter zu den Alpenübergängen, nach Savona im Süden ans Meer und nach Mailand ins Innere Italiens, so wichtig war der Ort auch für die Römer bei der Sicherung der Straßen und Pässe nach Gallien. Zwischen 25 und 13 v. Chr. besetzten sie die Alpenbezirke, die die Westgrenze Italiens bildeten, um diese Grenze zu schützen. Der Verkehr auf Straßen und Flüssen wurde intensiviert, die Bodenverbesserung (Bonifikation) wurde ebenso wie die Landzuteilung (Zenturiation) perfektioniert, kleine und große Städte wurden gegründet.

Turin liegt an der Einmündung der Dora Riparia in den Po; dort wo die Po-Ebene sich zu verbreitern beginnt, und von dem weiten Bogen der Cottischen und Grajischen Alpen umschlossen wird. In diesem Territorium saß vor den Römern der keltisch-ligurische Stamm der Taurini, der schon 218 v. Chr. bei Hannibals Zug über die Alpen schwer zu leiden hatte, wie die Nachrichten von der Belagerung, Einnahme und Plünderung einer Stadt zeigen. Es könnte sich dabei um Taurasia, die Hauptstadt dieses Stammes handeln, die vermutlich genau an der Stelle lag, die Caesar dann als Militärstützpunkt bei seinen gallischen Feldzügen diente und die 28 v. Chr. unter Kaiser Augustus als römische Stadt mit dem großartigen Namen Colonia Julia Augusta Taurinorum neu gegründet wurde, abgekürzt wurde später der Name Turin daraus.

Das rechtwinklige Straßennetz ganz Turins wird vor allem dem Ausbau der Stadt unter den Savoyern verdankt, die es

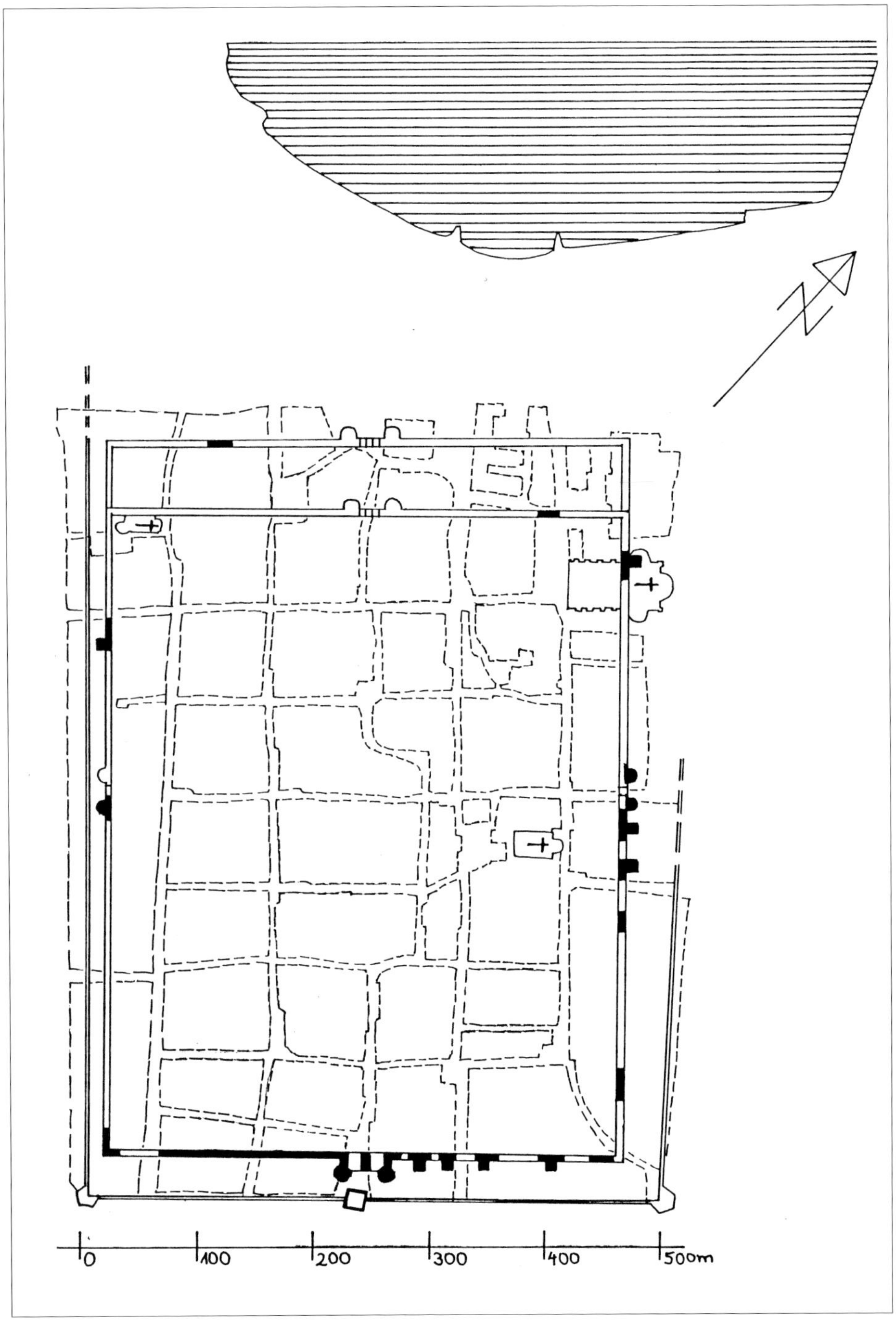

34

ebenso wie ein großer Teil der Stadtmauern und nur weniges ist sichtbar. Von den Stadttoren aber blieb die Porta Palatina als eindrucksvollstes Zeugnis der Römer in Turin und als eins der besterhaltenen Stadttore der römischen Welt fast ganz erhalten, aber auch von der Porta Praetoria gewinnt man einen glänzenden Eindruck.

Die Porta Palatina bildete den Nordausgang des Cardo maximus, heute steht der große, elegante Bau auf einem Platz und ist von Rasen umrahmt, nachdem er im Laufe der zwei Jahrtausende viele Umbauten und Restaurierungen über sich hat ergehen lassen (Abb. 23). Erhalten ist die Tormauer der Stadtaußenseite mit den zwei sie flankierenden hohen 16eckigen Türmen auf pyramidalem Sockel, alles aus roten Ziegeln errichtet. Die Fassade hat vier Durchgänge, die mittleren großen für die Wagen und die seitlichen kleinen für die Fußgänger. An der Stadtaußenseite trennt ein weißer Marmorarchitrav diesen unteren Teil von dem oberen. Im oberen Bereich liegen zwei Fensterreihen übereinander, die unteren sind rundbogig, die oberen rechteckig. Zwischen ihnen gibt es Pilaster und darüber einen Architrav wie bei dem Stadttor in Aosta (Abb. 24). Diese helldunkle Farbigkeit der Fassade spricht für eine augusteische Entstehung. Die 30 m hohen Türme hatten viele Geschosse, wie an den Fensterreihen ablesbar ist. Das Tor bestand nicht nur aus einer einfachen Mauer, sondern hatte einen großen, ebenso gestalteten Torhof dahinter, wie Fundamentreste zeigen. Daneben ist ein großer Teil der Stadtmauer erhalten und gut restauriert: etwa 20 m hoch und 1,80 m dick sieht die Mauer auf der Stadtseite anders als auf der Landseite aus (Abb. 25). Innen ist das Gußmauerwerk (*opus caementicium*, unser Wort Zement

in der Barockzeit zu ihrer glanzvollen Residenzstadt machten, später zur Hauptstadt des Königreichs Sardinien-Piemont und dann bis 1865 zur Hauptstadt des neuen Italien. Doch der Kern der Anlage ist augusteisch und als solcher noch gut erhalten in dem inneren Straßenrechteck von 770 zu 710 m mit dem Dom und dem Palazzo Reale in seiner Nordostecke und 72 Wohnvierteln (*insulae*). Der Umfang der römischen Stadt betrug somit 10000 römische Fuß, also 2960 m. Der römische Decumanus maximus ist noch immer die wichtigste Fußgängerstraße, die Via Garibaldi, zumal sie auf den Platz mit dem Königspalast und dem Palazzo Madama führt (Abb. 21). Mit diesem Grundriß und noch immer innerhalb der ehemals römischen, dann mittelalterlich weiter verstärkten Stadtmauern lebte Turin bis ins späte 16. Jh. hinein! Die Savoyer haben sich bei ihrer Stadtplanung an die alten Straßenachsen gehalten und sie verlängert.

An den beiden Hauptstraßen der römischen Stadt, dem Decumanus maximus und dem Cardo maximus gab es wie üblich vier große Stadttore und vermutlich an jeder dazu parallel verlaufenden Straße einen Stadtmauerturm, von denen es etwa 30 gab (Abb. 22). Sie hatten einen polygonalen Grundriß und waren nicht mehr als 70 m voneinander entfernt. Die Türme sind nur in ergrabenen Resten überliefert,

***Abb. 34** Grundriß der heutigen Straßen Comos innerhalb der antiken Stadtmauern. Die modernen Straßen, die weitgehend den römischen folgen, sind angedeutet, ergrabene Abschnitte der Stadtmauer und Türme sind schwarz dargestellt. In der Südhälfte liegt die Wehrmauer Kaiser Friedrich Barbarossas außen vor der römischen.*

***Abb. 35** Einer der mittelalterlichen Ecktürme mit geböschter Stadtmauer von Como, beide in bester Erhaltung.*

***Abb. 36** Der Torturm der mittelalterlichen Stadtmauer von Como hat zwei nebeneinander liegende bogenförmige Durchfahrten, ebenso wie am römischen Torvorgänger. Seitlich schließt sich die Stadtmauer an, die Tordurchgänge werden heute noch von Fußgängern benutzt.*

kommt daher) aus Flußkieseln und Kalk sichtbar gelassen. In Abständen ist eine doppelte Ziegelreihe sichtbar, die die Horizontale festlegt. Außen ist das Gußmauerwerk mit roten Wandziegeln verkleidet und dürfte daher zusammen mit den Toren einen großartigen einheitlichen Anblick geboten haben.

Die Südost-Ecke der Stadtmauer ist ergraben und unter dem Palazzo dell'Accademia delle Scienze, in dem sich das Ägyptische Museum befindet, sichtbar gemacht: der Abschnitt ist noch etwa 1,5 m hoch. Dort erhält man auch Erläuterungen zur schachbrettartigen Anlage einer römischen Stadt nach dem Vorbild des Militärlagers, wie es der Schriftsteller Hyginus beschrieben hat und wie es auf alle Städte mit der Bezeichnung Colonia zutrifft.

Ein zweites, in Grundriß und Aufbau gleiches Tor im Osten der Hauptstraße, des Decumanus maximus, befindet sich hinter dem Palazzo Madama, die Porta Praetoria (Abb. 26). Die vier erhaltenen 16eckigen Türme haben Standort und Aussehen der römischen Tortürme bewahrt, ihre unteren Mauerschichten sind z. T. freigelegt. In den Torhof wurde im Mittelalter ein Kastell hineingebaut, dessen zur Landseite weisende Mauer den einstigen Zustand gut bewahrt hat. An die Mauer der Stadtseite wurde vom Barockarchitekten Juvarra der schöne Palazzo Madama mit dem berühmten Treppenhaus gebaut, der genau gegenüber der Hauptstraße liegt (vgl. Abb. 21).

In den Straßen der römischen Stadt fand man Reste römischen Pflasters und des Kanalsystems, die zeigen, daß die Wohnviertel (*insulae*) in ihrer Größe leicht unregelmäßig waren. Von der Wohnbebauung oder dem Forum und anderen öffentlichen Bauten wie Thermen, Amphitheater und einem Ehrenbogen, dessen Reliefs man im Museum bewundern kann, ist fast nichts erhalten, bzw. ist nicht einmal der Ort bekannt.

Allerdings ist das Theater wiederum gut bekannt, dessen untere Mauerschichten zur einen Hälfte in den Gärten am Corso XX Settembre und zur anderen im Untergeschoß des Neuen Flügels des Palazzo Reale sichtbar sind (Abb. 27). Es lag in der nordöstlichen Ecke der Stadt nicht weit von der Porta Palatina entfernt und nahm mit einer großen rechteckigen Portikus, die hinter dem Bühnenhaus lag und bis zur Stadtmauer reichte, eine ganze *insula* ein. Die Portikus hat das Theater in Turin gemeinsam mit den Theatern von Ostia und Pompeji, die rechteckige Umfassungsmauer mit der von Aosta. In den ersten Jahrzehnten des 1. Jhs. n. Chr. wurde das Theater mit Sitzreihen aus Holz

35

36

37

errichtet, aber nach 69 n. Chr., als es bei den Kämpfen zwischen den Kaisern Otho und Vitellius zu einem großen Stadtbrand kam, wurden die Sitzreihen in Stein wiedererbaut und später im Laufe weiterer Umbauten sogar noch vornehmer aus Marmor.

Im Garten neben der Theatergrabung befindet sich das Archäologische Museum, das aus einem älteren und einem neueren, erst 1998 eröffneten Teil besteht. Der ausgestellte Silberschatz von Marengo (1928 zwischen Alessandria und Tortona gefunden) und die Bronzefunde, die seit 1754 in der antiken Stadt Industria, dem heutigen Monteu da Po bei Turin, hergestellt wurden, zeigen die blühende antike Metallindustrie dieser Gegend. Die künstlerische und technische Qualität wurde wohl durch Sklaven und Freigelassene aus griechischen und orientalischen Zentren der Metallverarbeitung auf solche Höhen gebracht (vgl. Abb. 67).

Susa (Abb. 28–33)

Im engen Tal der Dora Riparia weiter westlich von Turin und näher am Paß des Montgenèvre und des Mt. Cenis gab es noch eine letzte römische Stadt zur Sicherung der westlichen Alpenübergänge, über die zweihundert Jahre vorher schon Hannibal in die italienische Halbinsel eingefallen war. Es ist die abgelegene kleine Stadt Susa, die im 1. Jh. v. Chr. Sitz des Keltenfürsten Cottius vom Stamm der Segusier war, dessen Name in dem der Cottischen Alpen weiterlebt. Die Stadt besitzt mehrere eindrucksvolle und gut erhaltene römische Monumente: den von Cottius erbauten Ehrenbogen für Kaiser Augustus, das daneben befindliche Kastell mit Aquädukt und ein Stadttor.

Unten in der Stadt befindet sich unübersehbar die sog. Porta Savoia, das römische Stadttor, welches auf der Westseite der Stadt die von den Alpenpässen kommende Straße beschützte (Abb. 28). Mit seinen zwei starken Rundtürmen und der hohen Tormauer mit einer großen Durchfahrt und vier Galerien mit Rundbogenfenstern wirkt es noch immer wehrhaft (Abb. 29). Die Türme waren natürlich ehemals höher, ein Turm hat eine nicht antike Böschung zum Schutz vor dem um ihn herumführenden Verkehr. Die romanisch-gotische Kathedrale ist direkt an diesen Rundturm angebaut und wohl deswegen ist das Tor so gut erhalten, weil es immer als Bollwerk gedient hat. Gegenüber den Stadttoren von Turin und Aosta wirkt dieses hier provinziell und grob, aber es ist vermutlich auch dreihundert Jahre später anläßlich der zweiten römischen Befestigung des Ortes erbaut.

Ebenfalls aus dem 4. Jh. n. Chr. stammt ein mittelalterlich umgebautes Kastell, das außerhalb der Stadt an den Ehrenbogen für Kaiser Augustus angebaut war und von dem viele Mauerzüge aus den verschiedensten Epochen sichtbar sind. Es galt damit auch ein Aquädukt zu schützen, das von Westen neben der Alpenstraße herunterkam und von dem noch einige intakte Bögen neben einem keltischen Kultfelsen und Brunnen stehen (Abb. 30).

Elegant ist der Augustusbogen von gelbem Kalkstein und fast ganz erhalten, sogar mit seiner Widmungsinschrift. Natürlich haben ihm die Metallräuber aller Zeiten schwer zu schaffen gemacht: die bronzenen Buchstaben der Inschrift, Klammern zwischen den Blöcken und die freistehenden Bronzestatuen oben auf der Attika fehlen (Abb. 31). Er gehört zum frühen einbogigen Typus, jede seiner Ecken ist mit einer 3/4 ionischen Säule ge-

***Abb. 37** Die Porta Praetoria von Como in einer Rekonstruktionszeichnung (oben) und in ihrem Befund bei der Ausgrabung (unten, der Turmrest rechts an der Mauer ist wohl spätantik). Eine Fußgängerpassage führt durch den einen Turm hindurch.*

***Abb. 38** Grundriß vom Zentrum von Brescia mit seinen römischen und modernen Straßen. Besonders bezeichnet sind der Cardo und Decumanus maximus, darüber Kapitol und Theater sowie die Arx (Burg). Die Stadtmauern sind in ihrem Verlauf gestrichelt angegeben.*

schmückt, die über dem Architrav einen umlaufenden reliefierten Fries tragen. Die Architektur steht auf der Höhe der Zeit, die Reliefs dagegen sind provinziell (ihre Originale befinden sich Museum von Turin, am Ort sind Kopien eingesetzt). Auf der abgesetzten Attika befindet sich die noch immer gut lesbare Inschrift, aus der wir folgendes erfahren: im Jahre 9/8 v. Chr. errichtete Cottius als Präfekt der Römer über 14 genannte Stämme den Bogen zu Ehren des Kaisers Augustus und um den Abschluß eines Freundschaftsvertrages mit Rom zu feiern (Abb. 32). Der Fries zeigt Szenen des Vertragsabschlusses mit Rom, so die beiden Partner an einem Altar und das Opfer der Suovetaurilien, also eines Schweines, eines Widders und eines Stieres, womit der Vertrag zwischen den zwei Partnern seine religiöse und juristische Sanktion erhielt (Abb. 33). Für alle Beteiligten brachte er enorme Vorteile: das Imperium erweiterte sich um diese Gebiete, die Bewohner wurden römische Bürger mit lateinischem Recht und Fürst Cottius wurde zum römischen Ritter.

Como (Abb. 34–37)

In Como, dem Novum Comum der Römer, hat sich das antike Straßennetz besser im modernen Stadtbild erhalten als in Mailand (Mediolanum), der größten römischen Stadt Oberitaliens, die aber in

38

39

nachrömischer und moderner Zeit so stark überbaut wurde, daß keine sichtbaren römischen Reste erhalten sind und sie daher in unserem Zusammenhang nicht zur Sprache kommen wird. Como als kleine Stadt hingegen hat Römisches zu bieten. Dieses «neue Como» ist eine Gründung von Caesar, aber als Comum bestand es schon vorher als Grenzfeste gegen die Räter, einer in den südlichen Alpentälern siedelnden Volksgruppe.

Große Feldherren sorgten für die nach 25–30 Jahren Heeresdienst entlassenen Veteranen und belohnten sie mit Land, gelegentlich auch mit Gründungen von Städten, zu deren Verwaltung 300 Veteranen nötig waren. Caesar gründete einige Städte, und Augustus sagte von sich in den *Res gestae*, dem am Ende seines Lebens geschriebenen Tatenbericht, er habe 28 Kolonien gegründet.

Como ist bekannt als Geburtsstadt der beiden großen Schriftsteller Plinius d. Ä. und Plinius d. J. Der Ältere ist der Verfasser der berühmten Naturgeschichte, ohne die unser Wissen über die Antike um sehr Vieles geringer wäre. Er kam beim Vesuvausbruch 79 n. Chr. als Flottenadmiral ums Leben, was wir wiederum durch die Schilderung seines Neffen wissen, der durch seine Briefe an Traian bekannt ist, die er als Verwalter Bithyniens (Nordwest-Türkei) an seinen Kaiser schrieb. Von beiden römischen Schriftstellern gibt es zu Ehren der Stadt Sitzstatuen in Relief an der Frührenaissance-Fassade des Domes.

Der Stadtplan von Como zeigt außer dem Schachbrett der Straßen zwei Stadtmauer-Rechtecke (Abb. 34). Das innere ist das caesarische, das in der Spätantike mit außen liegenden Türmen verstärkt und zum See hin erweitert wurde. Es wurde bis ins Mittelalter hinein benutzt. Das äußere Rechteck (an der Seeseite ist der Verlauf unsicher) ist die von Kaiser Friedrich Barbarossa nach ihrer Schleifung wieder aufgebaute Stadtmauer des späten 12. Jhs. mit zwei erhaltenen fünfeckigen Ecktürmen (Abb. 35) und einem Torturm.

Diese sog. Porta Vittoria, der 40 m hohe mittelalterliche Torturm (Abb. 36), wurde außen vor die antike Porta Praetoria gebaut, deren untere Mauerzüge 1914 gefunden wurden und die teilweise und nicht allgemein zugänglich im Hof einer Schule hinter der Porta Vittoria liegen. Man fand zwei achteckige Türme, die eine Torwand mit zwei Durchfahrten begrenzten und außen an die Stadtmauer angebaut waren (Abb. 37), also ein kleiner Ableger des großen Turiner Stadttores, wenn auch die Durchfahrten immerhin 3,50 m breit waren und Fallgitter besaßen.

Die römische Mauer ist an drei Stellen bis zu 2,80 m hoch erhalten, sie war fast 2 m stark, es ist aber öffentlich nichts zu-

***Abb. 39** Die Victoria von Brescia ist eine der wenigen sehr gut erhaltenen antiken Großbronzen (Höhe 1,95 m). Die geflügelte Siegesgöttin verzeichnet auf einem jetzt fehlenden Schild die römischen Siege. Wie Haltung, Kleidung, Gesichtstypus und Haartracht zeigen, stammt das Motiv von einer griechischen Figur und wurde dem römischen Geschmack angepaßt, vor allem in der Aussage als «Victoria romana». Die Bronze wird in vespasianische Zeit datiert (69–79 n. Chr.) und paßt daher sehr gut zum Neubau des Kapitols.*

***Abb. 40** Blick vom Forum auf das Kapitol von Brescia. Man sieht die drei Türen der Zellen, die davor wieder aufgebaute Säulenhalle, einen Teil des Giebels und auf dem Fries darunter die Fragmente der Erbauerinschrift.*

***Abb. 41** Modell des Kapitols von Brescia mit den seitlichen Portiken und den darunterliegenden Kryptoportiken, die den erhöhten oberen Forumplatz umgeben.*

40

41

42

Ruinen so berühmt macht, es ist der Kapitoltempel, der seit seiner Ausgrabung im 19. Jh. und der Rekonstruktion mitten im alten Zentrum Brescias wieder dasteht, so daß der eindrucksvolle Bau vor dem Hintergrund des Hügels gut vorstellbar wird (Abb. 40).

Wenn man ihn sucht, so läuft man auf dem ehemaligen Decumanus maximus entlang, der zwischen dem erhöht stehenden Tempel und dem Forum, dessen Form in der mittelalterlichen Bebauung noch zu ahnen ist, verläuft. Diese alte Hauptstraße hielt sich also weiter bis in unsere Zeit hinein. Sie heißt heute Via dei Musei und an ihrer Bergseite liegen noch weitere historische Gebäude wie das römische Theater gleich neben dem Forum und der große Komplex des Klosters Santa Giulia, eine Gründung des letzten Langobarden-Königs Desiderius aus der Mitte des 8. Jhs. In diesem Kloster befindet sich heute das Archäologische Museum mit dem Glanzstück der Sammlung, einer der seltenen Großbronzen aus der Antike: die Victoria von Brescia (Abb. 39). Sie wurde in einem Versteck beim Kapitol mit anderen erstaunlich gut erhaltenen bronzenen Kaiserbüsten gefunden.

Der Kapitoltempel wurde zwischen 1939 und 1950 rekonstruiert, um in seinen drei Zellen, die wie üblich der Göttertrias Jupiter, Juno und Minerva gehörten, das städtische Antikenmuseum an prominenter Stelle einzurichten (das seit kurzem in oben genanntes Kloster umgezogen ist). So ist der Tempel aus weißem Stein und für fehlende Teile aus roten Ziegeln und anderem dunklem Steinmaterial so weit wieder aufgebaut worden, daß trotz aller Ruinenromantik eine gute Vorstellung des Bauensembles entsteht. Der Tempel war entgegen aller normalen Regeln breit gelagert und nahm die ganze Schmalseite des Forums bis zu den begrenzenden Por-

gänglich. Umso eindrucksvoller ist die gut erhaltene mittelalterliche Stadtmauer mit ihren Ecktürmen, man kann sie auf drei Seiten der Stadt auf lange Strecken umrunden. Im Mittelalter galt das Bistum Como als Schlüssel der Lombardei und war ein wichtiger Stützpunkt der deutschen Kaiser.

Brescia (Abb. 38–42)

Das heute in seiner Altstadt noch beschauliche Brescia war in der römischen Kaiserzeit eine reiche Stadt, in der das Handwerk wie Woll- und Metallverarbeitung blühte. Dorthin kamen Leute aus den Alpentälern, um Geld zu verdienen oder sich als Söldner anwerben zu lassen. Es gab große Familien, die bis zum Senatorenrang aufstiegen. Brescia war, ehe es in frühaugusteischer Zeit zur Colonia Civica Augusta Brixia wurde, bereits ein bedeutender Ort: die Hauptstadt des keltischen Stammes der Cenomanen, wie Livius 5,35,1 berichtet.

Das sich heute noch teilweise abzeichnende rechtwinklige Straßennetz Brescias, das von einer fünfeckigen Stadtmauer mit Türmen umgeben war, weil sie den hohen Stadthügel, die Burg (Arx) miteinbezog, stammt also aus augusteischer Zeit (Abb. 38). Aber dies ist es nicht, was Brescia unter den Liebhabern römischer

***Abb. 42** Auf den ersten Blick verwirrt statt verdeutlicht diese Rekonstruktion der seitlichen Hallen am Forum von Brescia: eine einzige, mit Eisenringen verstärkte antike Säule trägt ein langes Stück des Architravs, das mit Ziegelpfeilern unterstützt wurde. Hier sieht man, wie der Versuch einer Rekonstruktion weder ästhetisch noch verständnismäßig funktioniert.*

***Abb. 43** Blick auf die Spitze der Insel Sirmione mit den größten erhaltenen Räumlichkeiten, die als Substruktionen für den mittleren Teil einer Villa dienten. Die Villa lag noch über den oben rechts sichtbaren Mauern.*

44

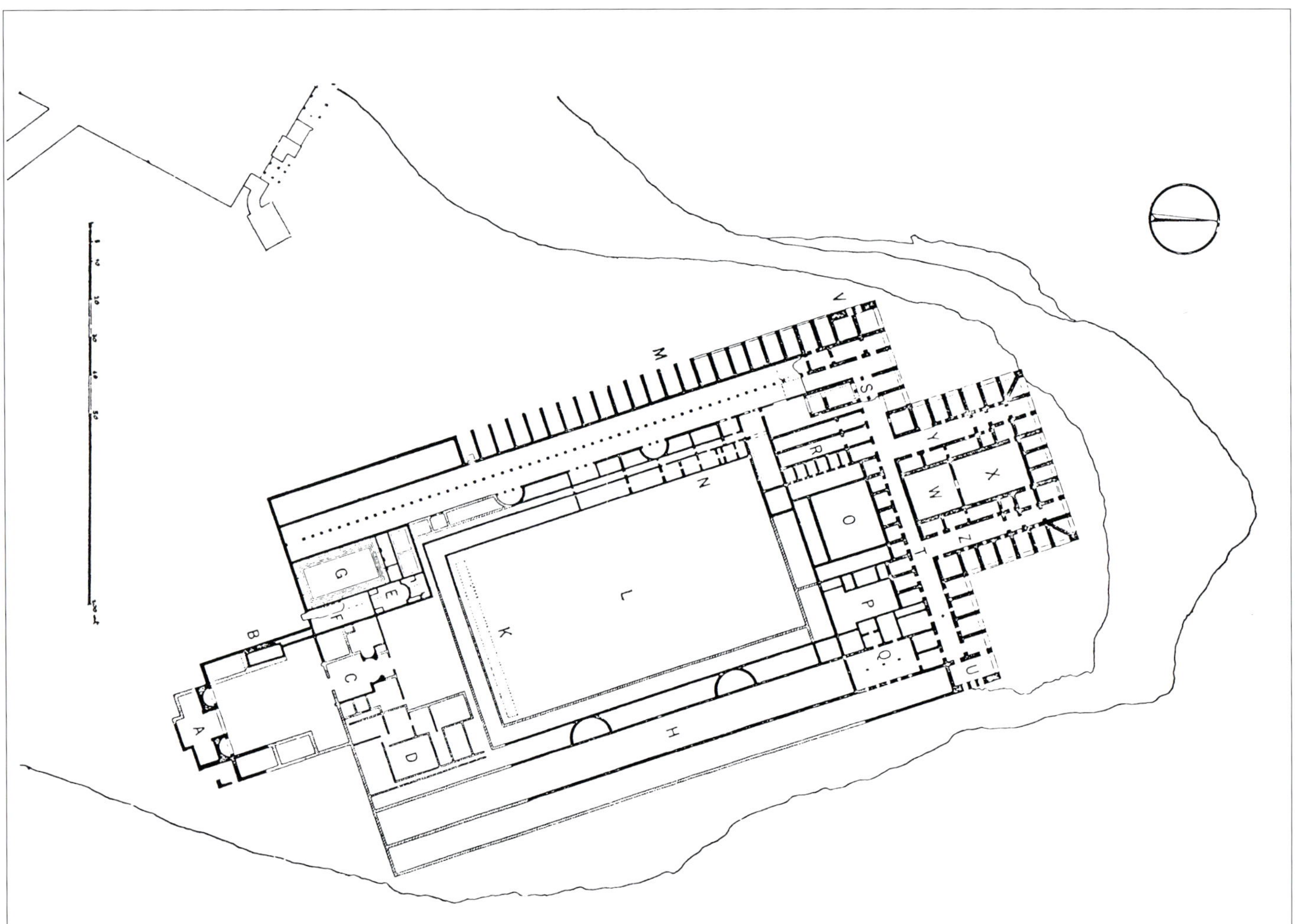

45

46

tiken ein, seine eigene Säulenhalle befand sich demnach nur vor der Front mit den drei Zellatüren. Sie war vor der mittleren Zella um zwei Säulen vorgezogen und hatte auch nur dort einen Giebel, auf dem sich die Erbauungsinschrift befand, aus der hervorgeht, daß das Kapitol von Kaiser Vespasian im Jahre 73 n. Chr. fertiggestellt wurde. Dieser war als Sieger aus den Kriegen des Jahres 69 n. Chr. hervorgegangen, als vier Kaiser um die Herrschaft kämpften, und Vespasian belohnte mit dem großartigen Neubau der Kapitolanlage die ihm gehaltene Treue der Stadt Brescia.

Natürlich hatte Brescia schon vorher ein großes öffentliches Zentrum an derselben Stelle gehabt, das aus republikanischer Zeit stammte. Ebenso besaß die Stadt auch Stadtmauern mit Toren, eine Wasserleitung, ein rechtwinkliges Straßennetz mit schönen Häusern aus der augusteischen und tiberianischen Epoche. Überhaupt war Brescia eine blühende Stadt, vor allem wegen der nahe gelegenen Steinbrüche. Die republikanische Kapitolanlage wurde von dem großen flavischen Podium überbaut, auf dem sich nicht nur der Kapitoltempel befand, sondern auch noch die zwei Säulenhallen, die den Tempel rahmten und die auf Kryptoportiken stehen, welche den Niveau-Unterschied zum tiefer liegenden Forumplatz ausfüllten (Abb. 40). Das schmale, langgestreckte und leicht abfallende Forum (Abb. 41) ist heute noch zu erkennen, da es in der mittelalterlichen Bebauung teilweise freigelassen wurde; seine Seiten waren mit Portiken eingefaßt, von denen ein kleiner Teil in einer eigenartigen Rekonstruktion in der Lücke zwischen Häusern zur Anschauung aufgestellt wurde (Abb. 42). An der dem Tempel gegenüberliegenden Seite befand sich die Basilika oder Kurie, von der eine Wand mit Türen zwischen Pilastern – eingebaut in einen Palazzo – erhalten ist. Der imponierende Komplex von aufsteigendem gesäulten Forum und dem auf hohem Podium vor der Bergkulisse sich erhebenden breit gelagerten, mit reichem Dekor geschmückten, strahlend weißen Tempel mit rahmenden Säulenhallen ist eine nicht so häufig zu findende Anlage im römischen Imperium. Es wurde mit einer Skenographie, einer Bühnengestaltung, verglichen, denn zu ihm gesellt sich noch das Theater, das in den Bergabhang rechts neben das Kapitol gebaut wurde und von dem viel zu sehen sein wird, wenn es einmal besser rekonstruiert und dann zugänglich gemacht sein wird.

Der relativ gute Erhaltungszustand dieser Gesamtanlage ist erstaunlich für eine seit 2000 Jahren bewohnte Stadt, die von Attila (452 n. Chr.) heimgesucht wurde, dann von den Langobarden 569 n. Chr. zum Herzogssitz gemacht wurde, im hohen Mittelalter eine bedeutende Rolle im Kampf des lombardischen Städtebundes gegen Kaiser Friedrich Barbarossa spielte

***Abb. 44** Blick von der Höhe der ehemaligen Wandelhalle der Villa von Sirmione auf den unteren Teil der Portikus mit der wieder aufgebauten mittleren Pfeilerreihe.*

***Abb. 45** Grundriß der Villa von Sirmione. Sie hat die Gesamtmaße von 167,5 zu 105 m, ihre beiden gut erkennbaren Baukomplexe im Süden (A–G) und im Norden (O–Z) sind durch einen 80 zu 45 m großen Hof (L) mit Zisterne (K) miteinander verbunden. An den Langseiten befinden sich Wandelhallen (H, N, M), im Südwesten ein Thermalkomplex (E–G).*

***Abb. 46** Diese gut und hoch erhaltenen Mauern sind der untere Teil eines Bades, das im 2. Jh. n. Chr. als einziger Neubau zwischen Kryptoportikus und Hof der Villa von Sirmione eingefügt wurde.*

N
1
2
3
4
5
6
7
a
b
c
d
e
f
LUNGADIGE S. GIORGIO
PONTE GARIBALDI
PIAZZA DUOMO
PIETRA
PONTE
PIAZZETTA BRA MOLINARI
VIA SOLE
PANVINIO
ADIGE
G. MATTEOTTI
FIUME
LUNGADIGE
VIA GARIBALDI
VIA ROSA
CORSO
VIA SOTTORIVA
LUNG.GE T. DONATELLI
LUNGADIGE RE TEODORICO
PIAZZA DEI SIGNORI
PIAZZA DELLE ERBE
CORT. MERCATO VECCH.
PIAZZA INDIPENDENZA
PONTE NUOVO DEL POPOLO
VITTORIA
VIA A. DIAZ
VIA ADUA
PORTA BORSARI
VIA PELLICCIAI
VIA MAZZINI
VIA CAPPELLO
VIA VALERIO
CATULLO
VIA STELLA
LUNGADIGE SAMMICHELI
B. RUBELE
VIA OBERDAN
VIA ALBERTO MARIO
VIA NORIS
PIAZZA NOGARA
VIA ZAMBELLI
PIAZZA S. NICOLO
VIA LEONI
CATTANEO
CARLO
PONTE NAVI
VIA LEONCINO
PIAZZA BRA
STRADONE S. FERMO

47

48

und in die Fehden zwischen Guelfen und Ghibellinen heftig verwickelt war, später zu Verona unter den Scaligern, dann für 300 Jahre zu Venedig gehörte, wo es eine der wohlhabendsten Städte der Terraferma (von Venedig beherrschte, auf dem Festland liegende Ländereien) war, und zuletzt im Kampf gegen die Österreicher schwer in Mitleidenschaft gezogen wurde – einer der üblichen Lebensläufe oberitalienischer Städte durch zwei Jahrtausende.

***Abb. 47** Verona, Grundriß der römischen Stadt.*

***Abb. 48** Blick über die Adige (Etsch) auf den Hügel San Pietro in Verona. Man erkennt links die hellen Bögen des oberen Umgangs des Theaters, daneben das Kloster mit dem Archäologischen Museum und auf der Kuppe das österreichische Kastell.*

Sirmione (Abb. 43–46)

Am Südufer eines der lieblichen oberitalienischen Seen gelegen ist der Ort Sirmione am Gardasee, der hier seiner eindrucksvollen römischen Ruinen wegen erwähnt sei, die diesmal nicht von einer Stadt, sondern von einer riesigen und vornehmen Villa stammen. Sie liegt an der Spitze einer in den See vorspringenden Halbinsel mit herrlichem Blick über den See und die ihn begrenzende Bergkulisse und ist die größte römische Villa Norditaliens.

Gewaltige Mauern, meistens Substruktionen für die einst darüber aufragenden eleganten Räume der Villa, riesige Gevierte ohne Bedachung heute (Abb. 43), Fluchten von Magazinen für die Vorratshaltung oder als Wohnungen für eine zahlreiche Dienerschaft, tonnen- und bogenüberwölbte Treppen zum Wasser hinunter erinnern in ihrer Größe durchaus an die Zugänge zum Palatin in Rom vom Forum aus. Ehemals überdachte Portiken mit rekonstruierter mittlerer Stützenreihe (Abb. 44) lassen den Eindruck der einst darüber stehenden Wandelhalle mit herrlichem Ausblick erahnen und erinnern an die in malerischen Resten erhaltene Ambulatio (Parkweg) des Kaisers Tiberius auf Capri. Diese Vergleiche, die sich zwangsläufig beim Besuch der Villa in Sirmione einstellen, lassen den Verdacht aufkommen, daß die Villa eine kaiserliche gewesen sein könnte, doch auch bei den neuesten Forschungen (1984–1994) konnte nicht geklärt werden, wer den herrlichen Seesitz für sich erbaute.

Der Name der Ruinen in Sirmione, Grotten des Catull, ist seit jeher eine Anspielung auf den gleichnamigen römischen Dichter. Man nahm an, daß die Villa ein Landsitz der Familie der Valerii Catulli war, die in weniger als einem Jahrhundert von einer Honoratiorenfamilie der Zeit Caesars zur Senatorenfamilie in Rom, also dem führenden Stand des Imperiums, aufstieg. Ihr heute noch berühmtes Mitglied ist Valerius Catullus aus Verona, der seit Jugendzeiten in Rom lebte und als einer der größten Lyriker der römischen Literatur gilt. Das hätte zu der bisher gültigen Baugeschichte der Villa gepaßt, bei der eine kleine Villa der späten Republik unverändert in einen zweimal so großen Umbau des 1. und 2. Jhs. n. Chr. miteinbezogen worden sein soll,

49

wie es auch plausibel am Grundrißplan der Villa ablesbar ist (Abb. 45).

Doch die neuesten Erkenntnisse, die im Museum am Eingang zum Areal erklärt und mit Funden belegt werden, sind andere: Die gigantische Villa in ihrer jetzigen Erscheinung ist nach völliger Niederlegung des kleinen Vorgängers in einem Zuge erbaut und zwar bereits in späterer augusteisch-tiberianischer Zeit, also etwa seit dem 2. Jahrzehnt des 1. Jhs. n. Chr. (Abb. 46). Der Baubeginn der jetzt stehenden Villa ist deshalb so gut anzugeben, weil datierbare Scherben aus der abgetragenen kleinen Villa in den Boden und in die Mauern des neuen Gebäudes gelangten. Die ausgestellten Funde, Fresken und Stuckreliefs, sind von bester Qualität, wenn auch für die Größe der Villa nur wenig und sehr zerstörtes Material übrig geblieben ist, wie ihre bewegte Geschichte zeigt: Im 3. Jh. n. Chr. schon zerstört (vielleicht durch die Alamannen), wurde sie danach nicht mehr bewohnt und erst im 4.–5. Jh. n. Chr. in einigen Teilen notdürftig hergerichtet und in anderen eine Nekropole angelegt. Im 5. Jh. n. Chr. wurde die Villa als nördlicher Vorposten in ein Verteidigungssystem einbezogen, im 6. und 7. Jh. n. Chr. nur noch sporadisch genutzt, weil das Leben sich dann auf den südlichen Teil der Halbinsel, den heutigen malerischen Kurort Sirmione konzentrierte.

Unvergessen und noch immer gültig sind jedoch die Verse Catulls über Sirmione, wo die Familie wohl ein Landgut besessen hat:

«XXXI
Paene insvlarvm, Sirmio, insvlarvmqve
Ocelle, qvascvmqve in liqventibvs stagnis
Mariqve vasto fert vterqve Neptvnvs,
Qvam te libenter qvamqve laetvs inviso.
etc.»

(Sirmio, schönste aller Inseln und Halbinseln, du Augenweide, mögen sie in quirligen Seen oder dem unendlichen Meer liegen, über beides herrscht ja Neptunus – wie gerne seh' ich dich wieder, wie froh bin ich! etc.)

(Übersetzung von H. Büsing)

Verona (Abb. 47–56)

Das wunderschöne Verona liegt zwischen den letzten südlichen Alpenabhängen und der großen Ebene, die von der reißenden blaugrünen Etsch (Adige) durchflossen wird. Wir lieben die Stadt wegen der jährlichen Festspiele in der «Arena», dem Amphitheater, und vielleicht auch deswegen, weil sie uns gefühlsmäßig etwas näher liegt als andere italienische Städte aus Gründen, die heute nicht mehr so bekannt sind wie früher. Der aus dem Nibelungenlied als Ideal des ritterlichen Helden bekannte Dietrich von Bern ist eine Gestalt, die in vielen germanischen Heldengedichten wie dem Hildebrandslied und den Epen von der «Rabenschlacht» (= Schlacht um Ravenna) und von «Dietrichs Flucht» weiterlebt. Es ist niemand anderes als der Ostgotenkönig Theoderich der Große und mit der Stadt Bern ist Verona gemeint. Der historische Theoderich ist einer der germanischen Herrscher des 5. Jhs. n. Chr., die die Römerherrschaft in Italien abgelöst haben.

***Abb. 49** Das Amphitheater von Verona aus der Luft.*

***Abb. 50** Das aufrecht stehende kurze Stück des äußeren Umganges vom Amphitheater in Verona. Es besteht aus Quadern des sog. Veronasteines aus nahegelegenen Steinbrüchen und überstand alle Erdbeben, obwohl es nicht mehr mit dem Inneren verbunden ist.*

51

52

Eine seiner Residenzen war Verona, doch ist diese wesentlich älter: bereits aus dem 8. Jh. v. Chr. gibt es Funde auf der Bergseite an der Nordkurve der Etsch auf dem Hügel San Pietro, wo heute ein österreichischer Kasernenbau anstelle eines mittelalterlichen Kastells steht. Seit dem Bau der römischen Staatsstraße Via Postumia, die quer durch die oberitalienische Ebene ging und Genua mit Aquileia verband und auch durch Verona lief, muß es ein bedeutender romanisierter Ort gewesen sein. Die Besiedlung wurde auf die flache Seite innerhalb der Etsch-Schleife verlegt, und ein typisches römisches Straßengitter wurde installiert, das die Via Postumia als Cardo maximus mit einbezog. Die Straßen erster Ordnung waren 12 m breit zwischen den Fußwegen, das große Forum hatte die Maße von 168 zu 56,5 m, und es wurde zu einer alten bereits bestehenden Brücke, die heutige Ponte Pietra westlich vom Theater, eine neue Brücke östlich vom Theater, Ponte Cosidetto Postumio, als gerade Fortsetzung der Hauptstraße erbaut. Die erste Stadtmauer aus der Mitte des 1. Jhs. v. Chr. mußte nur innerhalb der Flußschleife errichtet werden, also nur an zwei Seiten und deshalb auch nur mit zwei Toren an den Hauptstraßen. Zum Schutz der beiden Brücken gab es noch zwei Tore auf der anderen Flußseite (Abb. 47).

Dort wurde auch ein Theater in den Bergabhang hineingebaut, wofür sogar Techniker aus Rom geholt worden waren. Das Theater war trotz des Steinraubs und der Überbauung doch wieder so gut herstellbar, daß es heute als Spielort für kleinere Aufführungen genutzt wird und sich mit seinem Charme gegenüber der großen Arena durchaus behauptet. Es ist mit sei-

***Abb. 51** Gesamtansicht der Feldseite der Porta Borsari in Verona. Auffällig sind die beiden Giebel über den Durchfahrten und die verkröpft angebrachten kleineren Giebel darüber mit ihren Halbsäulen.*

***Abb. 52** Detail der äußeren Torwand der Porta Borsari in Verona. Der versetzte Rhythmus der wie eine Theaterwand gestalteten Torwand wird ebenso wie die verschiedenen Formen der Pilaster und Halbsäulen deutlich.*

***Abb. 53** Erhaltener Teil der Porta Leoni in Verona. Man erkennt die vor die ältere Torwand gesetzte helle Fassade mit ihrem Schmuck des Giebels unten und der Exedra ganz oben.*

***Abb. 54** Blick auf die Ausgrabungen der Porta Leoni in Verona mit den unteren Mauerzügen eines der 16eckigen Türme.*

ner 60 m langen Bühne mit ehemaliger Marmorpflasterung nicht besonders klein. Von weitem ist das Theater durch eine zum Teil erhaltene Bogengalerie, die den Zuschauerraum oben abschloß, gut erkennbar. Direkt neben dieser wurde im 15. Jh. ein Kloster mit Kirche eingebaut, in dessen schönen Räumen sich heute das Archäologische Museum befindet (Abb. 48). Ausgestellt sind viele Funde aus Verona und der Umgebung, unter anderem ein Modell des Theaters. Neben dem großen Theater gab es noch ein Odeon, ein überdachtes kleines Theater, sozusagen für die Kammerspiele, und oben auf dem in drei Terrassen ansteigenden Berg einen Tempel, von allem ist nichts mehr übrig geblieben.

Der so geschickt den örtlichen Gegebenheiten angepaßte republikanische Stadtplan von Verona gilt als Beispiel höchster Reife des auf eine Stadt angewendeten Lagerplanes, auch in der Kombination mit den nach griechischem Vorbild in den Hang hineingebauten Theatern. Italienische Forscher haben daher und aus den anderen hier besprochenen Städten konstatiert, daß es die Transpadana ist, in der durch die Förderung der Urbanität im 1. Jh. v. Chr. großartige und innovative monumentale Lösungen im Städtebau entwickelt werden.

Das Amphitheater, die sog. Arena, wurde in der 1. Hälfte des 1. Jhs. n. Chr. erbaut und zwar im Süden außerhalb der Mauern, weil innen kein Platz mehr vorhanden war und auch die Zeiten friedlich waren. Erst im späten 3. Jh. n. Chr., als die Einfälle der Alamannen in Oberitalien begannen, wurde es in eine erweiterte Stadtbefestigung als Verteidigungsbasis miteinbezogen, wie es etwa auch in Trier umgesetzt wurde. Heute steht das Amphitheater inmitten der Altstadt von Verona, ist aber von allen Seiten gut zu betrachten, weil ein großer freier Platz gelassen wurde, um die Menschenmassen aufzunehmen (Abb. 49). Außen vor den zweigeschossigen Arkaden gab es noch einen weiteren Mauerring mit drei Geschossen, von dem nur ein kurzer Abschnitt aber mit der enormen Höhe von 30 m erhalten ist. Über seinen Eingangsbögen sind noch die eingemeißelten Nummern erhalten, mit denen die Besucher die Plätze fanden (Abb. 50). Dieser äußere Ring ist zur Festigkeit und Schönheit ganz aus hellen Kalksteinquadern erbaut, ebenso die tragenden Elemente des heutigen äußeren Ringes; darüber ist rotes Ziegelmauerwerk zu sehen, was eine schöne Zweifarbigkeit (wie häufig in Verona) ergibt. Das Amphitheater ist nach dem Kolosseum in Rom und nach jenem in Capua das drittgrößte: Es besitzt 44 Zuschauerreihen für

53

54

etwa 25 000 Personen. Die Arena wird in jedem Geschoß von 72 Arkaden eingefaßt. Die heutigen Sommeraufführungen lassen sich bis ins 17. Jh. zurückverfolgen, als dort Feste, Komödien, Gladiatorenspiele und Stierjagden stattfanden.

Wie man an der Tradition dieser Spiele sieht, waren sich die Veroneser ihrer römischen Geschichte sehr bewußt, was natürlich auch durch die vielen antiken Ruinen, die den Bewohnern vor Augen standen, gefördert wurde.

Am auffälligsten nach den beiden großen Spielstätten sind die beiden Stadttore, die Porta Borsari als besser erhaltene und die Porta Leoni. Die Porta Borsari (Abb. 51) schützte die Via Postumia im Süden bei ihrem Eintritt in die Stadt. Noch heute ist diese Straße eine der Hauptstraßen, die seit 500 Jahren nun auch noch von der Porta Palio geschützt wurde. Die Porta Palio ist eines der schönen Stadttore, die vom berühmten Veroneser Renaissance-Architekten Michele Sanmicheli entworfen wurde. Er stand im Dienst der Republik Venedig, zu der Verona seit 1405 gehörte, und baute seit 1530 die Befestigung Veronas. Es war der fünfte Ausbzw. Neubau der Mauern, der noch heute überall gut zu verfolgen ist, der sechste Umbau war dann der habsburgische, die beiden letztgenannten weit außerhalb der antiken Vorgänger. Noch schöner ist aber das andere Stadttor von Sanmicheli, die Porta Nuova, das recht klassizistisch wirkt und damit seine Anregungen von der antiken Porta Borsari nicht verschweigt.

Die Porta Borsari hat eine großartige Fassade aus weißem Veronastein, die die Feldseite schmückte: unten zwei gleiche Durchfahrten mit Giebeln und ionischen Halbsäulen, darüber zwei Galerien von Rundfenstern. Im ganzen erhält dieses Tor durch die vielen kleineren Giebel in versetztem Rhythmus die Erscheinung einer römischen Bühnenwand (Abb. 52). Diese außerordentlich reiche Architektur war der Geschmack der Zeit ab der Mitte des 1. Jhs. n. Chr. und regte die Renaissance-Architekten wie Sanmicheli zu so schönen Fassaden wie die der Paläste Bevilaqua, Canossa, Honorij und Pompeji an. Die Porta Borsari besaß natürlich zwei Türme und einen Hof. Die auf den Architraven erhaltenen Inschriften sprechen von einer Restaurierung unter Kaiser Gallienus 265 n. Chr., derselbe, der auch das Amphitheater in eine erweiterte Ummauerung einbezogen hat.

Die Porta Leoni, ebenfalls mit einer weißen Fassade versehen, steht an dem ehemaligen Cardo maximus im Südosten der Stadt. Von ihr ist nur eine Seite der inneren Fassade erhalten: ein Durchgang, darüber drei Bogenfester einer Galerie und als Abschluß ein geschlossener Teil mit dem Ansatz einer großen Exedra zwischen freistehenden Säulen (Abb. 53). An diesem Stadttor ist viel geforscht worden, um die Baugeschichte zu klären: erbaut wurde es in spätrepublikanischer Zeit zusammen mit der ersten Stadtmauer, in der Mitte des 1. Jhs. n. Chr. wurde dann diese Prachtfassade vor das alte Tor gesetzt. Die einstigen 16eckigen Türme und der Torhof wurden bei Ausgrabungen in den 1970er Jahren freigelegt (Abb. 54).

Ein drittes, durch neuere Ausgrabungen gefundenes Stadttor schützte die Via Postumia bei ihrem Austritt aus der Stadt auf der anderen Seite der Adige. Man nennt es Porta di Via Redentore nach seiner Lage unter dieser Straße auf der östlichen Seite des Theaters. Das Tor hatte den gleichen Grundriß wie die anderen Stadttore, von ihm ist jedoch nichts mehr zu sehen.

Ein weiteres, wieder vollständiges Monument ist in Verona zu bewundern: der

55

***Abb. 55** Der Gavierbogen in Verona, so wie er 1933 auf seinem neuen Platz aufgestellt wurde.*

***Abb. 56** Ein Blick von oben auf die älteste Brücke Veronas zeigt die drei mittelalterlichen Bögen links und rechts unten einen der beiden antiken Bögen.*

***Abb. 57** Gegenstände aus Bernstein aus dem Museum von Aquileia.*

56

Arco dei Gavi, ein Bogen, der zu Ehren der Honoratiorenfamilie der Gavi in der 1. Hälfte des 1. Jhs. n. Chr. von Vitruvius Cerdo errichtet wurde, der sich auf einem Pilaster als Architekt verewigt hat (Abb. 55). Der Bogen stand einstmals vor der Porta Borsari auf der Via Postumia, heute ist er an die Seite zum Fluß hin versetzt und mit originalen und ergänzten Bauteilen wieder errichtet. Er ist eine elegante Erscheinung aus weißem Veronastein mit vielen schmückenden Details wie den Blattkandelabern neben dem Durchgang oder einer schönen Kassettendecke im Innern.

Zu der Reihe antiker Ruinen ist ebenso die Brücke zu nennen, die Ponte Pietra, auch wenn viele Jahrhunderte an ihr gebaut haben. Es ist die älteste Brücke Veronas aus republikanischer Zeit, in der sie mit fünf Bögen errichtet wurde (Abb. 56). Bis 1945 war sie so erhalten: zwei antike Bögen aus weißen Quadern, ein Bogen von 1298 und zwei Bögen aus dem 15. Jh. (die mittelalterlichen aus roten Ziegeln). Im letzten Krieg wurden die beiden antiken Bögen leider zerstört, sind aber jetzt durch Anastylose wieder aufgerichtet, d. h. mit Hilfe des antiken Baumaterials.

Die zweite römische Brücke für die Via Postumia ist nicht mehr erhalten, sie

57

58

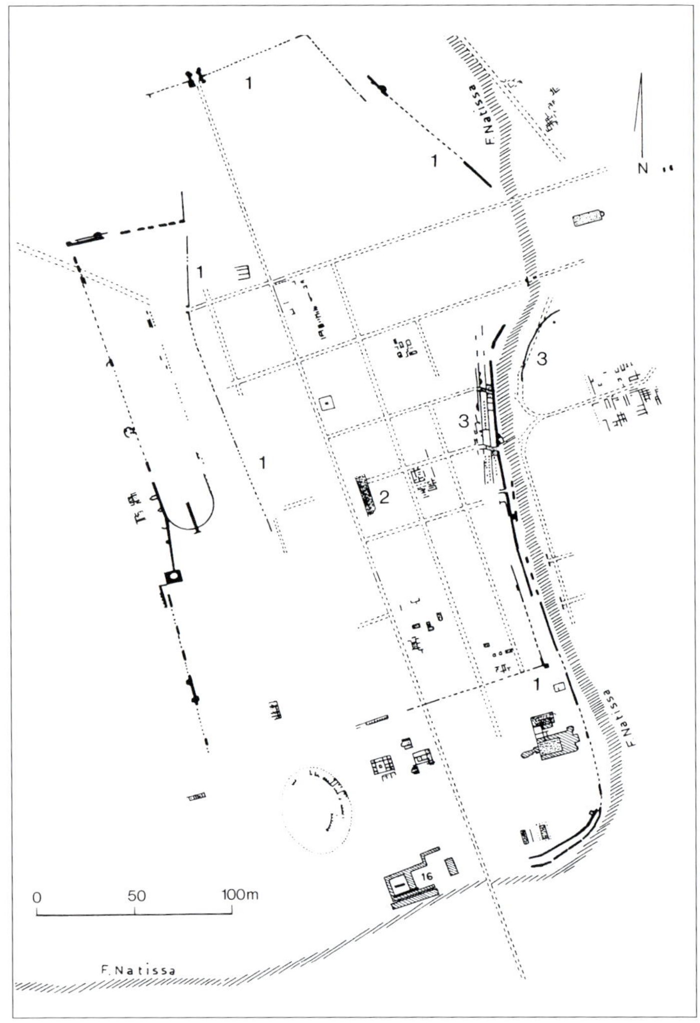

59

wurde durch Hochwasser im Laufe des 6. Jhs. n. Chr. gänzlich zerstört. Heute gibt es natürlich sehr viel mehr Brücken im antiken Stadtgebiet, deren schönste die zinnenbewehrte Fußgängerbrücke am Kastell der Scaliger ist. Dieses wurde 1355 von Can Grande II. della Scala zum Schutz seiner selbst und der Etschbrücke erbaut. Die Scaliger waren Stadtherren von Verona zwischen 1260 und 1387 und verhalfen der Stadt zu einer großen Macht durch zeitweise Inbesitznahme fast des gesamten Veneto. Die bedeutendste Persönlichkeit dieser Familie war Can Grande I., bekannt als Gastfreund Dantes, der ihn im *Paradies* seiner Großmut wegen rühmte. Die Scaliger hinterließen viele bedeutende Bauten in Verona, unter anderem auch eine Reihe freistehender monumentaler Grabmäler, von denen das des Can Grande I. von 1329 das überhaupt älteste mit einem Reiterstandbild verbundene Grabmal ist und damit das Vorbild für die vielen späteren Reiterdenkmäler in Verona, Padua und Venedig.

Sucht man in der Altstadt selbst nach antiken Resten, so findet sich nichts Aufrechtstehendes mehr. Am Ort des Forum aber befindet sich auch heute noch einer der beiden Hauptplätze der Stadt, die Piazza Erbe, einer der malerischsten Marktplätze von Oberitalien. Durch Ausgrabungen erforscht worden ist der Kapitoltempel an seiner Nordseite und zwei große Verwaltungsgebäude an seiner Langseite, die Curia (Sitzungsgebäude des Stadtrates) und eine Basilika, davor Ladenreihen und eine Einfassung des Platzes durch Säulenhallen. Dieses städtische Zentrum muß durch seine Erscheinung in weißem Quaderbau großartig und monumental gewirkt haben, so daß der Dichter Martial in seinem Epigramm 14,195 vom «großen Verona» spricht:

«Tantum magna suo debet
Verona Catullo,
Quantum parva suo Mantua Vergilio.»

(Soviel verdankt das große Verona seinem [kleinen] Catull,
wie das kleine Mantua seinem [großen] Vergil.) (Übersetzung H. Büsing)

Aquileia (Abb. 57–66)

Eine Stadt ganz im Osten Oberitaliens soll noch wegen besonderer Baudenkmäler, die bisher noch keine Rolle spielten, zur Vervollständigung des Bildes römischer Stadtarchitektur dienen: Aquileia. Sie war im Altertum eine der Großstädte Italiens, obwohl sie wie viele in Oberitalien als Grenzstadt angelegt war und sich in den fünf Jahrhunderten Römerzeit oft ihrer Haut wehren mußte. Heute ist sie klein und allein wegen ihrer großen Vergangenheit bedeutend und fristet ein ruhiges Leben abseits der großen Touristenströme. Das ist eine Folge der Entvölkerung durch politische und geologische Umstände, die die Vernachlässigung der Kanäle und der ausgeklügelten Wassertechnik mit sich brachte und in ihrem Gefolge die Malaria. Aquileia liegt zwischen drei Flüssen und der Lagune und wurde in der Zeit seiner Blüte, in der Römerzeit durch Bonifikation des Bodens und Drainagesysteme fruchtbar und bewohnbar gehalten, was dann im 9. und 10. Jh. völlig nachließ.

Diese Techniken der Landverbesserung wurden auch schon vor der Römerzeit in kleinerem Umfang angewendet, denn im Gebiet von Aquileia gab es bereits seit dem 8. Jh. v. Chr. eine Besiedlung. Ebenso war der Ort in den folgenden Jahrhunderten Umschlagplatz für Waren, die von Norden, von Österreich, her kamen und auch für jene Waren, die vom Osten, von Griechenland, übers Meer kamen. Das setzt einen Hafen voraus, wohl einen Flußhafen, denn die Stadt lag nie direkt am Meer. Aus dem Norden wurde ein sehr beliebter Rohstoff nach Aquileia gebracht: der Bernstein, denn die Stadt gehörte zu den Endpunkten der Bernsteinstraße, die von der Ostsee durch Europa lief. Wunderbare Preziosen wurden aus diesem Rohmaterial gemacht, Fläschchen, Ringe, Kästchen, Kleinplastiken – man kann sie im Museum von Aquileia bewundern (Abb. 57). Doch das ist es nicht, was eine Besprechung in diesem Rahmen rechtfertigt, sondern vor allem der einmalige Flußhafen, die vielen gut erhaltenen und rekonstruierten Grabdenkmäler und ganz frühe christliche Mosaiken.

Aquileia war in der frühen Kaiserzeit nicht nur der größte Handelsplatz am Golf von Triest, sondern neben Ravenna auch Flottenstützpunkt für die Adriaflotte und später im 4. Jh. n. Chr. gehörte es nach Rom, Mailand und Capua zu den größten Städten Italiens. Als Bistum spielte es eine bedeutende Rolle für die Verbreitung des Christentums. So fand hier 381 n. Chr. das Konzil mit dem großen Bischof von Mailand, Ambrosius, statt, in dem die arianische Lehre letztlich bekämpft wurde.

Die römische Gründung Aquileias beschreibt Titus Livius, der große Historiker der augusteischen Zeit, so: die Einfälle der Kelten in Venetien machten den Rö-

60

61

62

***Abb. 58** Der weithin sichtbare 73 m hohe Glockenturm der Kathedrale von Aquileia. Der quadratische Teil ist aus dem 11. Jh., der obere runde Teil aus dem 14. Jh.*

***Abb. 59** Stadtplan der römischen Gründung von Aquileia. Die langrechteckigen Wohnquartiere ziehen sich am ehemaligen Fluß Natisone (Natissa) entlang: man erkennt die Stadtmauern (1), das Forum (2), den Flußhafen (3), den Zirkus und das Amphitheater.*

***Abb. 60** Ansicht eines Teiles des gepflasterten Forums von Aquileia mit der wieder aufgerichteten Säulenhalle (die weißen Teile sind original, die Ziegel sind die Ergänzungen). Auf dem Forum befinden sich noch weitere Teile anderer Architekturen.*

***Abb. 61** Gesamtansicht der rekonstruierten Gräberstraße in Aquileia mit den nebeneinanderliegenden Familienbezirken. Auffallend ist die Vielfalt der Monumente und Behältnisse.*

***Abb. 62** Einer der Grabbezirke mit einem Grabaltar und einer kleinen sarkophagartigen Urne.*

63

64

mern im Jahre 183 v. Chr. viel zu schaffen, was beim Senat zu dem Beschluß führte, das Gebiet der mit den Römern liierten Veneter durch eine römische Siedlung abzusichern. So entstand 181 v. Chr. Aquileia als Kolonie. Ihr Name stammt vom Fluß Aquilis (heute Natissa), der durch das Stadtgebiet lief und sehr bald einen großen Flußhafen bekam, der schon zu Beginn der Kaiserzeit funktionierte und daher der Stadt eine starke wirtschaftliche Stellung bescherte. Der Geograph Strabon schrieb in der Mitte des 1. Jhs. n. Chr., daß die Handelsschiffe den Fluß Natisone bis Aquileia hinauffuhren und daß sich dort der Handel für die illyrischen Völker des Golfes von Triest abspielte. Er nennt außer Fisch, Wein und Öl auch Holz, Felle, wilde Tiere und Sklaven.

Außer den Wasserstraßen hatte Aquileia auch bedeutende Überlandstraßen, die aus dem Innern Italiens kamen und von Aquileia aus in nördliche und östliche Richtungen liefen. So kam die Via Postumia aus Genua durch die Po-Ebene und verband sich in Altinum, einem heute fast nur noch Archäologen bekannten Ort nördlich von Venedig, mit der Via Popilia, die an der Adriaküste entlang lief. Die Via Gemina führte nach Laibach, die Via Giulia Augusta nach Österreich, die Via Flavia nach Istrien.

Was von der Stadt der frühen Kaiserzeit übrig ist, ist nicht allzuviel, obwohl diese Zeit die erste Blüte bringt: es gab ein gut entwickeltes Bauwesen, wie die Fragmente großer Architekturen zeigen, vornehme Häuser, Thermen, Tempel, Villen, Gräber, Amphitheater – die Einwohnerzahl wird auf über 200 000 geschätzt. In der Zeit Kaiser Hadrians (Regierungszeit von 117–138 n. Chr.) florierte der Handel weiter durch die Einfuhr attischer Sarkophage, die nun bei reichen Römern die Urnenbestattungen ersetzten, in der 2. Hälfte des Jhs. entsteht dann erst die eigene römische Produktion. Nach kriegerischen Verwicklungen im späten 2. und Ende des 3. Jhs. n. Chr. tritt Aquileia unter Kaiser Konstantin dem Großen als eine der frühen großen christlichen Städte in Erscheinung, und das blieb sie bis ans Ende des Jahrtausends. Das Christentum war durch Zugewanderte aus dem Orient schon viel früher in die Stadt gekommen, wenn auch die Überlieferung, daß Apostel Markus hier als Bischof gewirkt habe, historischer Grundlagen entbehrt. Doch darauf beriefen sich noch die venezianischen Kaufleute, die 824 die Reliquien des Markus im ägyptischen Alexandria stahlen und nach Venedig «heimbrachten». Am Ende der Römerzeit wurde Aquileia mehrfach durch die Hunnen und die Langobarden verwüstet, wodurch seine wirtschaftliche und politische Bedeutung stark zurückging. Hinzu kamen eine Ver-

***Abb. 63** Wieder aufgerichtetes Grabmal im Museumsgarten von Aquileia: Die Ädikula mit drei Säulen, Spitzdach und Pinienzapfen, überdacht eine Statue der Verstorbenen.*

***Abb. 64** Das sog. Große Mausoleum in Aquileia aus dem 1. Jh. n. Chr.: Auf einer Umfassungsmauer stehen Löwen als Grabwächter, innen befindet sich das große Monument aus einem hohen quadratischen Sockel und einer schlanken Ädikula mit Kegeldach und einem Pinienzapfen darauf, in der die Statue des Grabeigentümers steht.*

***Abb. 65** Fassade der Kathedrale von Aquileia, wo sich über dem Verbindungsbau das frühchristliche Fenster mit Mittelsäule befindet.*

lagerung des Flusses sowie ein Streit der Bischöfe von Grado und Aquileia, bei dem der Bischof von Aquileia den kürzeren zog. Schließlich folgte am Ende des ersten Jahrtausends die Entvölkerung, von der sich der Ort trotz verschiedener Maßnahmen nicht wieder erholt hat.

Bis heute ist es eine Landstadt geblieben, nur die Kathedrale inmitten der römischen Relikte zeugt von großer Vergangenheit (Abb. 58). Die Hauptstraßen der ersten römischen Anlage sind bekannt, die Stadt ist im ganzen langgestreckt, weil sie sich nach dem Fluß richtet. Die Stadtmauern der Gründungszeit sind erforscht, jedoch nicht zu sehen, aber Teile der kaiserzeitlichen Mauern sind erhalten, unsichtbar wiederum sind ein Zirkus für Wagenrennen und ein Amphitheater, dazu Häuser, Thermen sowie frühchristliche Bauten (Abb. 59). Zu sehen sind auch Teile des Forums mit seiner Pflasterung aus weißem Marmor und eine wieder aufgerichtete Reihe von Säulen mit schönen Kompositkapitellen (Abb. 60). Das Forum hatte an seinen Langseiten je eine solche Säulenhalle mit Geschäften dahinter, die Schmalseite war von einer Basilika, also einer großen Gerichtshalle abgeschlossen und gegenüber lag natürlich der Kapitoltempel, von dem nichts zu sehen ist.

Doch die Besonderheit der Stadt ist ihr Flußhafen, der östlich vom Forum auf eine lange Strecke ausgegraben ist, entlang einer Straße, die heute irreführenderweise Via Sacra heißt. Das war der ehemalige Lauf des Natisone, der durch Verbreiterung und Vertiefung erlaubte, die Handelsschiffe vom Meer zur Stadt zu bringen. Der gepflasterte Hafenkai hatte eine Länge von 500 m und eine Breite von 48 m, man erkennt ihn an dem Ladekai mit durchbohrten Steinen zum Antäuen, an Treppen und Rampen, die ins Wasser führten. Es gab dort auch viele Lagerhäuser und Zollgebäude, als der Kai in der Mitte des 1. Jhs. n. Chr. erbaut wurde. Zu unbestimmbarer Zeit in der Spätantike veränderte der Natisone seinen Lauf, und es blieb nur noch der kleine Fluß Natissa übrig bis schließlich alles austrocknete. Neben den Hafenanlagen erkennt man noch die 2. Stadtmauer mit Türmen, die seit dem 3. oder 4. Jh. n. Chr. die Stadt entlang des Flusses beschützte.

Eine weitere Besonderheit Aquileias ist eine gut erhaltene und restaurierte römische Nekropole, die – wie bei den Römern üblich – entlang der gepflasterten Straße außerhalb der Mauern lag, hier im Westen der Stadt. Ein kurzer Teil einer ausgegrabenen Gräberstraße wurde wieder hergestellt, so daß man einen anschaulichen Eindruck gewinnt. Hinter einem Mauerzug liegen die verschiedenen großen Familiengrabstätten, deren Namen man z. T. kennt. In den Umfriedungen befinden sich zahlreiche Bestattungen, die frühen sind Urnen, da erst seit dem 2. Jh. n. Chr. Sarkophage üblich werden, aber es gibt auch Grabaltäre (Abb. 61. 62). Im Garten des Archäologischen Museums befinden sich noch weitere Teile von Grabmonumenten, jenes der Familie der Curii aus dem 1. Jh. n. Chr. ist vollständig rekonstruiert (Abb. 63). Ein anderes, überdimensionales Grabmonument wurde unter dem Namen Grande Mausoleo an der Hauptstraße, der Via Giulia Augusta, wieder aufgerichtet (Abb. 64). Seine Fragmente stammen aus einem Ort wenige Kilometer östlich von Aquileia, die Rekonstruktion des eleganten weißen Baues ist sehr eindrucksvoll. Das Grabmonument stammt aus augusteischer Zeit, aber sein Aufbau mit dem quadratischen Sokkel und der darüber sich erhebenden schlanken Ädikula steht typologisch in der langen Reihe der hellenistisch-östlichen Grabdenkmäler. Dieser Typus geht auf das Mausoleum von Halikarnassos zurück (heute Bodrum in der Türkei), welches sich Karierfürst Mausollos in der Mitte des 4. Jhs. v. Chr. erbauen ließ (Teile davon sind heute im Britischen Museum in London zu sehen). Überall in der griechisch-römischen Welt findet sich eine Menge dieser Monumente, erinnert sei

65

66

an das Julier-Grabmal in Saint-Remy-de-Provence oder an das aus Originalteilen zusammengesetzte des L. Poblicius im Römisch-Germanischen Museum in Köln.

Die letzte zu besprechende Besonderheit ist zugleich Aquileias größte Sehenswürdigkeit. Es sind die Mosaiken unter der großen Basilika, die das Ausgrabungsfeld beherrscht. Die Kathedrale stammt zwar erst aus dem frühen 11. Jh. und ist gotisch restauriert worden, hat ihren Ursprung aber in einer großen öffentlichen christlichen Anlage, die gleich nach dem Mailänder Toleranzedikt von 313 n. Chr. entstand. Bischof Theodoros erbaute hier zwei nebeneinanderliegende dreischiffige Hallen mit Verbindungstrakt, die vollständig mit Mosaiken ausgelegt waren. Von dem gesamten Komplex, zu dem noch ein Baptisterium und weitere Hallen sowie Bauten aus späterer Zeit gehörten, steht außer einem Mauerstück mit Doppelfenster, das in die spätere Kirchenfassade integriert wurde und sich heute in deren Mitte befindet, nichts mehr aufrecht (Abb. 65). Grabungen im Dom haben die Mosaiken freigelegt, und so bilden die frühchristlichen Mosaiken den heutigen Boden des Kirchenschiffes. In verhaltenen Farben sind Ranken und geometrische Motive mit Füllungen von Tieren und anderen kleinen Szenen dargestellt, die aus dem antiken Motivschatz genommen, hier aber zu neuen christlichen Symbolen umgedeutet sind. Es gibt auch genuin christliche Motive wie die Geschichte des Jonas, dazwischen lassen sich die Stifterinnen des Bodens porträtieren.

Im linken Schiff der Basilika führt eine Tür zur Krypta, in der drei archäologische Schichten übereinander zu sehen sind: ganz unten der Fußboden eines römischen Hauses, das vor den theodorianischen Hallen bereits dort stand, darüber der Boden des Verbindungstraktes der Hallen und als oberstes ein Boden mit Mosaikfragmenten eines Neubaues aus der 2. Hälfte des 4. Jhs. n. Chr. Die nördliche der beiden theodorianischen Hallen fiel dem Turmbau des großen Bischofs Poppo (1. Hälfte des 11. Jh.) zum Opfer, aber unter und neben dem Turm erhielten sich Teile des Mosaikbodens der ursprünglichen Nordhalle. Darunter findet sich auch eine der beiden Inschriften, in der Bischof Theodoros genannt wird. In reicher geometrischer Rahmung sind Tiere aller Art dargestellt, z. T. in eigenartigen Zusammenstellungen, wie ein Ziegenbock vor einem Korb mit Broten und Eiern, ein heute nicht mehr zu lösendes christliches Symbol.

Für seine herrlichen römischen Mosaiken ist auch das Archäologische Museum von Aquileia bekannt. Sie gehen bis ins 1. Jh. v. Chr. zurück, erinnern noch sehr an hellenistische Kunst und sind teilweise mit so kleinen Mosaiksteinchen gearbeitet, daß sie wie ein gemaltes Bild wirken (Abb. 66). Noch mehr Mosaike sind im Frühchristlichen Museum von Monastero im Norden der Stadt zu betrachten, das neben einer Basilika des 5. Jhs., die ebenfalls mit Mosaiken ausgelegt war, eingerichtet wurde.

Um frühchristliche Kunst kennenzulernen, lohnt es sich also nach Aquileia zu reisen, auch wenn es in seinen ehemaligen Bauten und Mosaiken einen nicht ganz so glänzenden Rang als Kunstmetropole dieser Zeit behaupten kann wie das berühmtere Ravenna, wo die Bauten des 5. und 6. Jhs. mit fast ihrer gesamten Mosaikausstattung noch unverändert erhalten sind.

***Abb. 66** Römisches Mosaik aus dem Museum von Aquileia: Der Blattzweig ist in weichen Erdtönen aus winzigen Mosaiksteinchen gefertigt.*

Land und Stadt während des römischen Kaisertums

Das Aufblühen der römischen Städte seit der frühen Kaiserzeit haben die wenigen Städtebilder im vorigen Abschnitt veranschaulicht. Weitere ließen sich anfügen, die heute über keine sehenswerten Ruinen mehr verfügen: Cremona, Piacenza, Modena oder Mantua. Der Prozeß der Romanisierung der Po-Ebene, die vorher von Etruskern, Venetern und verschiedenen keltischen Stämmen bewohnt war, hatte schon in der 1. Hälfte des 2. Jhs. v. Chr. begonnen (s. o. S. 10). Die frühesten römischen Kolonien mit lateinischem Recht in dem den Kelten abgerungenen Gebiet waren die Städte Piacenza und Cremona (218 v. Chr.), und auf der Ostseite Oberitaliens folgte 181 v. Chr. die Gründung der Stadt Aquileia als Vorposten gegen Kelteneinfälle im Veneter-Gebiet und zum Schutz des Handels mit Zentraleuropa. Als späte römische Stadtgründungen in der Transpadana können Turin und Aosta gelten (28 und 24 v. Chr.).

Die Po-Ebene wurde außerdem systematisch mit großen und kleine Städten, mit Marktflecken, Dörfern und Bauernhöfen überzogen. In augusteisch-tiberischer Zeit war das cisalpine Gebiet dann vollkommen romanisiert. Die wegen ihrer Vorgeschichte ehemals unterschiedlichen Gebiete waren vereinheitlicht. Die Bevölkerung war stark angewachsen, die neugegründeten römischen Städte nahmen in der Architektur gegenüber dem übrigen Italien eine Vorreiterrolle ein.

Durch ihre Wirtschaftskraft und durch Stiftungen gewinnt die Padana bereits im 1. Jh. v. Chr. ein eigenes Gesicht, eine reiche Gegend Italiens, deren Städte expandieren (Abb. 67). Im 3. Buch der *Georgica* spricht Vergil von Stiftungen, die er seiner Vaterstadt Mantua bringen will; es handelt sich um Tempel, Theater und Festspiele.

Welche Faktoren machten die Wirtschaftskraft aus, und wie hatte sich die Landschaft seit der vorrömischen Zeit verändert?

Ein Bevölkerungszuwachs wurde durch die Gründung der neuen Städte mit lateinischem Recht hervorgerufen, die nun in dem eroberten Gebiet vielen Menschen Aus- und Fortkommen boten und durch ihre Verwaltungsstruktur ein Zusammenleben nach einheitlichen Richtlinien garantierten; ferner durch das Aufblühen der kleinen Städte (*fora*) und Marktflecken (*vici*) an Knotenpunkten des Verkehrs. Ein weiterer Faktor war die wachsende Zahl von Landbesitzern, also durch Landzuweisungen an die Veteranen der Bürgerkriegsarmeen, womit Rom sozialer Unzufriedenheit in der Hauptstadt vorbeugte.

Wichtig in dieser von vielen mäandrierenden Wasserläufen durchzogenen Landschaft (Abb. 68) ist eine gute Wassertechnik, die sowohl den Verkehr zu Lande und zu Wasser sicherte, wie auch den fruchtbaren Boden der größten Ebene Italiens zum ertragreichsten Landwirtschaftsgebiet der Apenninhalbinsel machte. Mit Überschwemmungen und Verlagerungen des Bodens in ihrer Folge, wie es Vergil eindrücklich schilderte (s. o. S. 5), hatte man beim großen Fluß Po und den anderen Flüssen immer zu kämpfen, teilweise sogar noch heute. Auch bei dem hier im 2. Teil des Buches geschilderten Bauernhof spielen Überschwemmungen eine große Rolle (s. u. S. 64 zu den Sockeln). Die Römer waren – wie auch schon die Etrusker – gute Wasserbauingenieure, wie Plinius bezeugt (*Nat. Hist.* 3,117 ff.): *«Der Po drängt sich mit seiner Wassermasse vor und wühlt sich in die Tiefe, dem Land beschwerlich, obwohl er zwischen Ravenna und Altinum über eine Strecke von 120 Meilen in Flüsse und Kanäle abgeleitet, dennoch dort, wo er am weitesten austritt, ‹Sieben Meere› bilden soll. Der Kanal des Augustus zieht sich nach Ravenna hin, wo er Padusa heißt. Die darauf folgende Mündung hat die Größe eines Hafens, wo Kaiser Claudius, als er über Britannien triumphierte, mit jenem riesenhaften Palast eher als mit einem Schiff in die Adria einfuhr …»* Aus dieser und der folgenden Aufzählung geht hervor, wie stark die natürlichen und die künstlichen Arme des Po von den Römern gestaltet worden waren. Sie konnten sich auch die Hauptflüsse für die Schiffahrt nutzbar machen, die bis hinauf nach Turin reichte; ebenso verstanden sie die Bewässerung der Felder mittels Kanälen und Kanälchen, betrieben dadurch eine Boni-

67

***Abb. 67** Der silberne und teilweise vergoldete Krater aus der Gegend von Turin zeigt den Wohlstand und das künstlerisch hochstehende Niveau dieser Landschaft.*

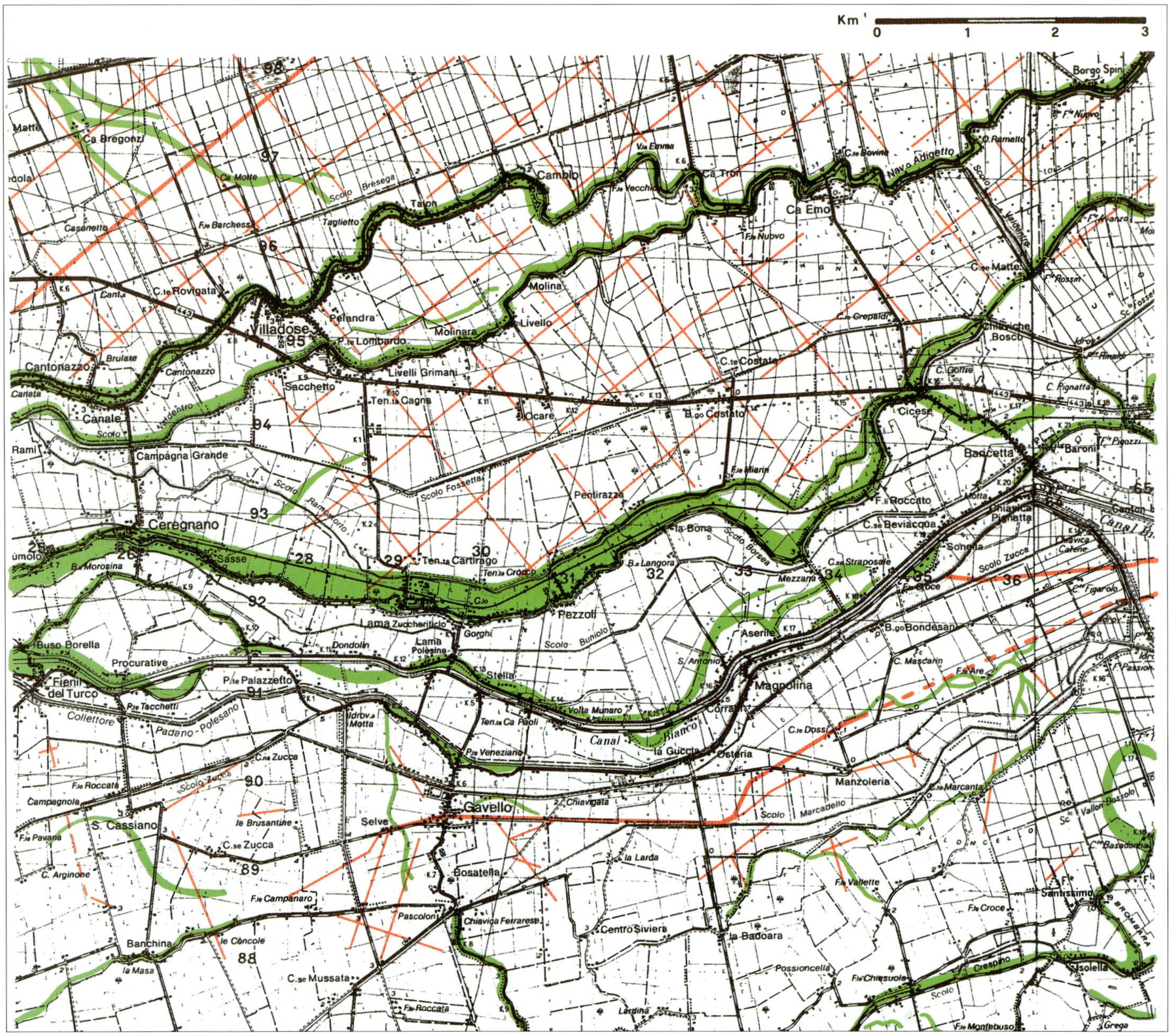

68

69

fikation, also eine Verbesserung der land- und forstwirtschaftlich genutzten Fläche, wie sie erst wieder im späten Mittelalter durch die großen Klöster, vor allem die des Benediktinerordens, und in der Renaissance durch die großen Fürstengeschlechter wie die Este von Ferrara unternommen wurde (Abb. 69). Zur Bonifikation gehört auch die Begradigung der alten Flußläufe, ein Netz von Kanälen zur Be- und Entwässerung, aber auch die Trockenlegung von Sümpfen, was die Mückenplage und die Gefahr von Seuchen verminderte.

Zu diesen strukturellen Verbesserungen tritt als Teil der Romanisierung die Limitation hinzu (ital.: centuriazione), d. h. die Vermessung und Einteilung des Landes in Parzellen, die zur Verteilung an die Kolonisten oder als Gemeindeland vorgesehen waren. So entstand ein rechtwinkliges Netz von Grenzen (*limites*) um zwei

Hauptachsen: dem normalerweise westöstlich verlaufenden Decumanus Maximus und dem nordsüdlich verlaufenden Cardo Maximus. Parallel zu ihnen wurden die kleineren Linien eingemessen, so daß meist Quadrate von normalerweise um 700 m Seitenlänge entstanden. Aber es gibt auch kleinere und größere Quadrate. So haben diese bei der Stadt Adria eine Seitenlänge von 960 m (Abb. 70).

Die beiden Hauptachsen waren als öffentliche Straßen ausgebaut wie auch jeder fünfte Limes; die übrigen dienten als Feldweg, Gräben oder Mäuerchen. Durch Luftaufnahmen wurden in Norditalien (Abb. 71) wie auch im übrigen Italien und dem ganzen Imperium Romanum die Spuren der Limitationen festgestellt, so immer wieder entlang der Staatsstraßen Via Aemilia und Via Postumia (Abb. 72), aber auch in dem Gebiet östlich von Rovigo und nördlich von Adria am alten Lauf der Etsch. Dort erstreckt sich das rekonstruierbare Limitationsnetz über ein Gebiet von 250 km^2. Obwohl dieser Teil Oberitaliens schon viel früher von den Staatsstraßen Via Popilia und Via Annia (132/131 v. Chr.) durchzogen wurde, ist die Limitation und damit die Landverteilung erst zwischen 49 und 42 v. Chr. erfolgt. Wie viele Familien sich eine derartige Zenturie teilten, ist bisher nicht zu sagen. Man kann anhand der Funde nur feststellen, daß sich die Besiedlung entlang der großen Hauptachsen hinzieht. So wird man sich das Land von den in Sichtweite voneinander gelegenen Bauernhöfen geprägt und gegliedert vorstellen können.

In der Padana hat es nicht die riesigen Latifundien der Großgrundbesitzer gegeben, die von Hunderten von Sklaven bearbeitet wurden wie in Mittel- und Süditalien bereits zu republikanischer Zeit, sondern es gab mittelgroße und kleine Güter, die etwa durch Güterteilung im Erbfall entstanden. So war es schon in der vorrömischen Zeit gewesen, und so blieb es auch während des gesamten Kaiserreiches.

Neben den einzeln stehenden Bauernhöfen gab es aber auch *vici*, dorfartige Siedlungen. Dies waren kleine und mittlere Zentren ohne Stadtmauern und ohne eigene Verwaltungsbeamte; sie waren also abhängig von der nächstgelegenen Stadt. Diese *vici* waren meist schon in der vorrömischen Zeit entstanden und spielten in römischer Zeit weiter ihre Rolle als Verkehrsknotenpunkt und Handels- und Gewerbezentrum, wo auch Handwerker und Manufakturen ihren Sitz hatten. Hier konnten sie ihre Produkte gemeinsam mit den Produkten der umliegenden Bauern anbieten. Diese *vici* befanden sich z. B.

***Abb. 68** Rekonstruktion der alten Wasserläufe (grün) südöstlich von Rovigo zwischen Villadose und Gavello. Im oberen Teil der Karte ist sehr deutlich die römische Limitation zu erkennen (rote Linien).*

***Abb. 69** Auch die vollkommen flache Landschaft der Po-Ebene hat ihre romantischen Reize. Sie ist heute von Kanälen durchzogen (hier grün von Wasserpflanzen), aus denen die Bauern nach festem Plan ihre Felder bewässern dürfen.*

***Abb. 70** Spuren der römischen Limitation und alter Wasserläufe im Gebiet östlich von Rovigo bei den Orten Villadose und südlich der Etsch. Die Farben bedeuten: 1) alte Wasserläufe; 2) römische Limitation; 3) Einteilungen aus unbestimmter Zeit; 4) heutige Wasserläufe.*

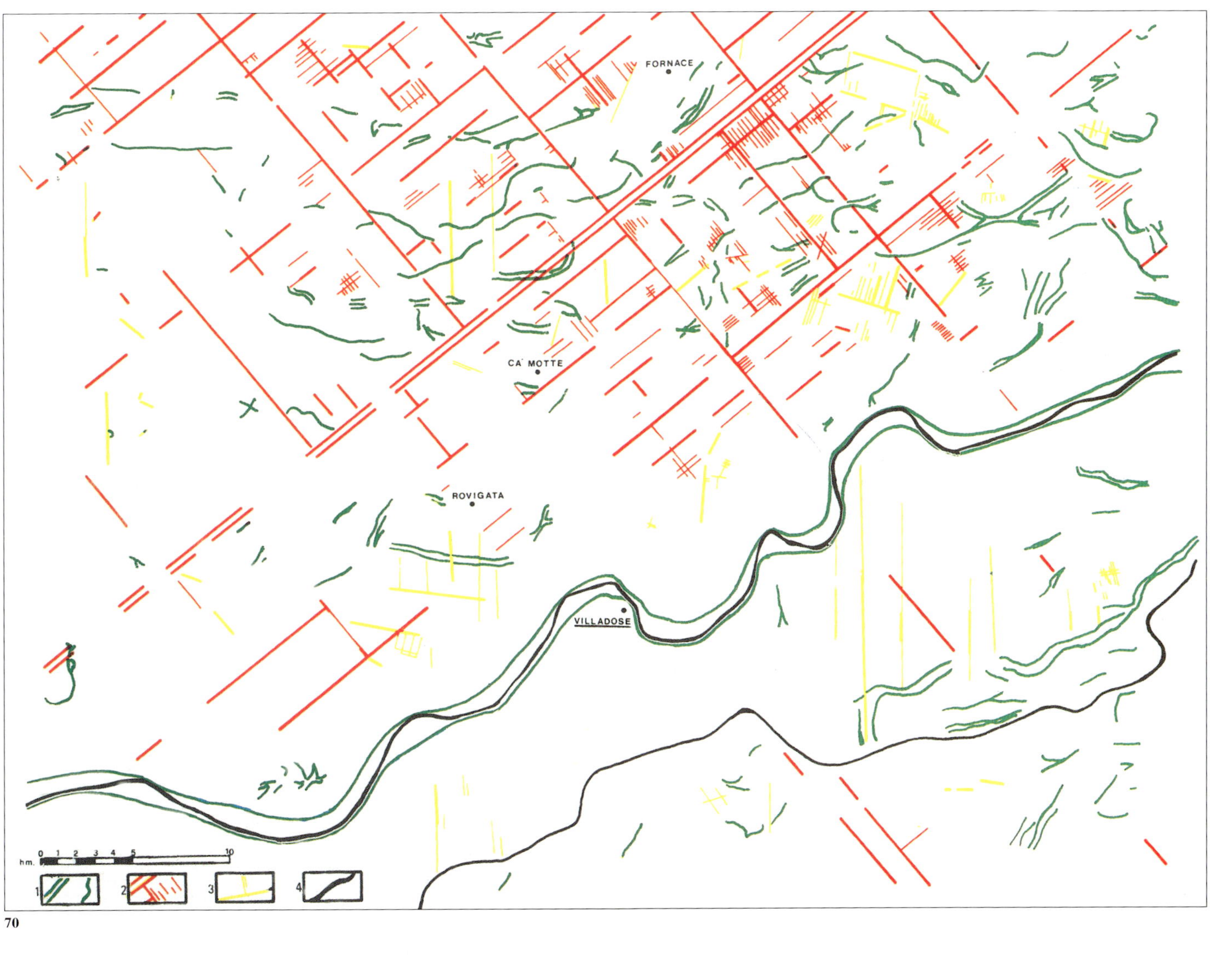

70

71

Abb. 71 **Luftaufnahme aus der Polesine, dem Gebiet zwischen den Flüssen Etsch und Po, auf der neben der modernen Feldereinteilung das Raster der römischen Einteilung zu sehen ist. Die gelben Kurven sind alte Wasserläufe.**

Abb. 72 **Gebiete der Limitation zu beiden Seiten der Via Postumia. Erstaunlich viele Spuren sind heute noch zu erkennen, und man sieht, daß sie sich nach den Straßenverläufen richteten. 1) Von der Via Postumia durchquerte Zentren; 2) Andere Zentren; 3) Station am Po; 4) Meilensteine; 5) Herbergen; 6) Aquädukte; 7) Brücken; 8) Furten; 9) Pässe an der Via Postumia; 10) Via Postumia; 11) Straßenverlauf auf einem Erddamm; 12) Andere Straßen; 13) Schiffbare Flüsse; 14) Straße durch die Lagunen; 15) Antiker Küstenverlauf; 16) Limitation; 17) Sumpfige Gebiete.**

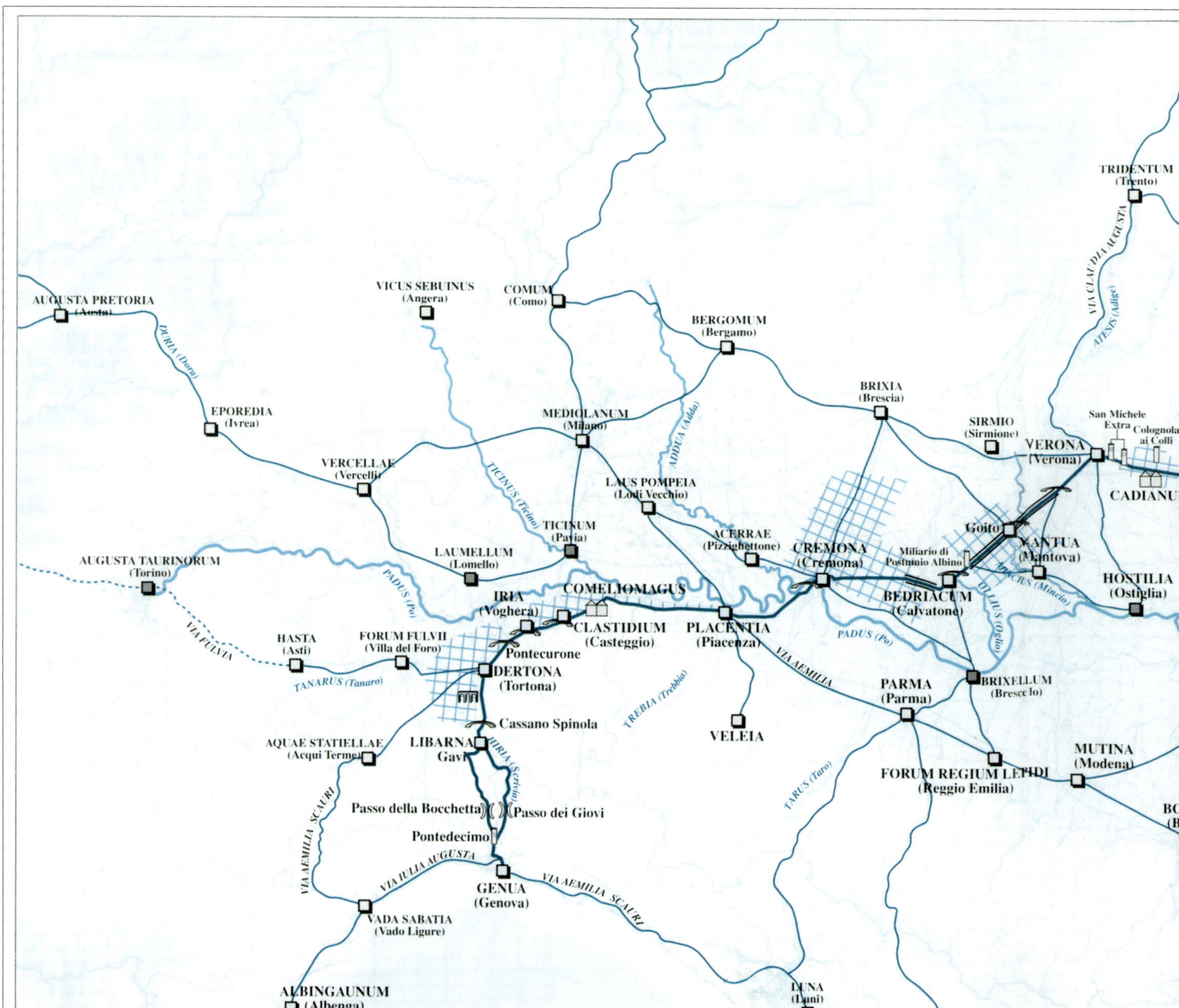

72

entlang der Via Postumia oder an den wichtigen Stellen, an denen sich Land- und Wasserwege kreuzten oder wo es Brücken gab. Ferner befanden sich an den großen Straßen in Abständen von etwa 30 km Rasthäuser, die – wie im Falle von Chiunsano – größer als die Bauernhöfe waren, sich sonst aber nicht weiter durch eleganten Ausbau hervorhoben.

Das bisher von Norditalien gezeichnete Bild von Gehöften, kleinen Städten und Siedlungen und einigen großen Städten unterscheidet sich nicht sehr von dem Bild, welches man heute in der Po-Ebene immer noch findet. Was heute nicht mehr häufig zu sehen ist, sind die größeren Gehöfte mit einem städtischen Herrenhaus (*villae urbano-rusticae*), die es seit spätrepublikanischer Zeit auch hier gab, wenn auch nicht allzu viele. Sie lagen dort, wo heute die schönen Villen aus der Renaissance und dem Barock stehen: an den oberitalienischen Seen in schöner Landschaft wie Sirmione.

Ein besonderer Anblick der romanisierten Landschaft, der so heute nirgends mehr zu finden ist, bleibt nicht nur auf Norditalien beschränkt, sondern es gab ihn in allen Teilen des römischen Imperiums: die Gräber entlang der Straßen. In Stadtnähe waren beiderseits der Ausfallstraßen großartige und aufwendige Grabmale unterschiedlichster Form aneinandergereiht, weiter weg von der Besiedlung wurden sie bescheidener, und es gab viele Gräber auch ohne Grabstein. Doch auch ihnen wurden Beigaben mitgegeben, die uns heute den Lebensstandard, die Verbreitung und den Gebrauch der Gegenstände anzeigen.

Dieses hier entworfene Bild der Landschaft blieb so bis in die Mitte des 3. Jhs. n. Chr. bestehen, bis zu den ersten germanischen Einfällen als frühe Vorboten der Völkerwanderungszeit, die auf italienisch «Einfall der Barbaren» heißt. Die Krise des 3. Jhs. n. Chr. bedeutete den Verlust der Stabilität. Dem Druck auf die Grenzen an Rhein, Donau und Euphrat war die römische Abwehr nicht gewachsen, es gab viele territoriale Verluste und zusätzlich den Zusammenbruch des Währungssystems. Der Silbergehalt der wichtigsten Münze, des Denars, war seit dem späten 2. Jh. n. Chr. ständig vermindert worden. An seine Stelle trat unter Kaiser Caracalla die versilberte Kupfermünze «Antoninian». Die Folge der Verschlechterung des Münzwertes war eine Vergrößerung der Geldmenge, ein starker Preisanstieg und die Entwertung aller angelegter Gelder, Steuern und Gehälter. Unter diesen Umständen ging auch die Steuergerechtigkeit verloren, die kaiserliche Autorität brach zusammen. Obwohl es in dieser schwierigen Zeit auch Gegenden des Friedens und der Prosperität gab wie in Teilen Nordafrikas, wird durch die Befunde auf einem einzelnen Bauernhof wie dem in Chiunsano doch deutlich, daß die Po-Ebene wirtschaftlich sehr zu leiden hatte.

Die Reformen des Kaisers Diokletian (284–305 n. Chr.) brachten dann wieder eine gewisse äußere und innere Stabilität. Er führte nicht nur die Tetrarchie ein – zwei Kaiser, denen jeweils ein Unterkaiser zur Seite stand, herrschten gemeinsam über die beiden Teile des Reiches im Westen und im Osten –, sondern setzte ein weitgehend neues Münzsystem durch, das auf Gold-, Silber- und einer neuen kupfernen Kleinmünze für den alltäglichen Handel beruhte. Zugleich setzte er Höchstpreise für Waren und Dienstleistungen fest, um Preistreibereien zu verhindern (Preisedikt). Jetzt wuchs Mailand mit dem Amtssitz des Vicarius Italiae zum Verwaltungszentrum für Italien heran, und 402 n. Chr. hat Kaiser Honorius die kaiserliche Residenz des Westreiches von Rom nach Ravenna verlegt. Diese Verlagerung des Machtzentrums erklärt auch, warum Alarich (403–410 n. Chr.), der König der Westgoten, Rom im Jahre 410 n. Chr. einnehmen konnte, ohne auf massive Gegenwehr zu stoßen. Norditalien war nun zu großer politischer Bedeutung aufgestiegen.

Spätestens als 450 n. Chr. die Reiterheere der Hunnen durch die Po-Ebene ziehen, ist dort die Zeit des geruhsamen Lebens zu Ende; die unbefestigten Höfe fallen Plünderern zum Opfer und werden verlassen. Die Kanäle werden nicht mehr offen gehalten und die Flüsse bleiben nicht mehr in ihren Betten. Im 6. Jh. n. Chr. schließlich versumpft die Padana wieder und bleibt bis ins 10. Jh. nur noch von wenigen Menschen besiedelt.

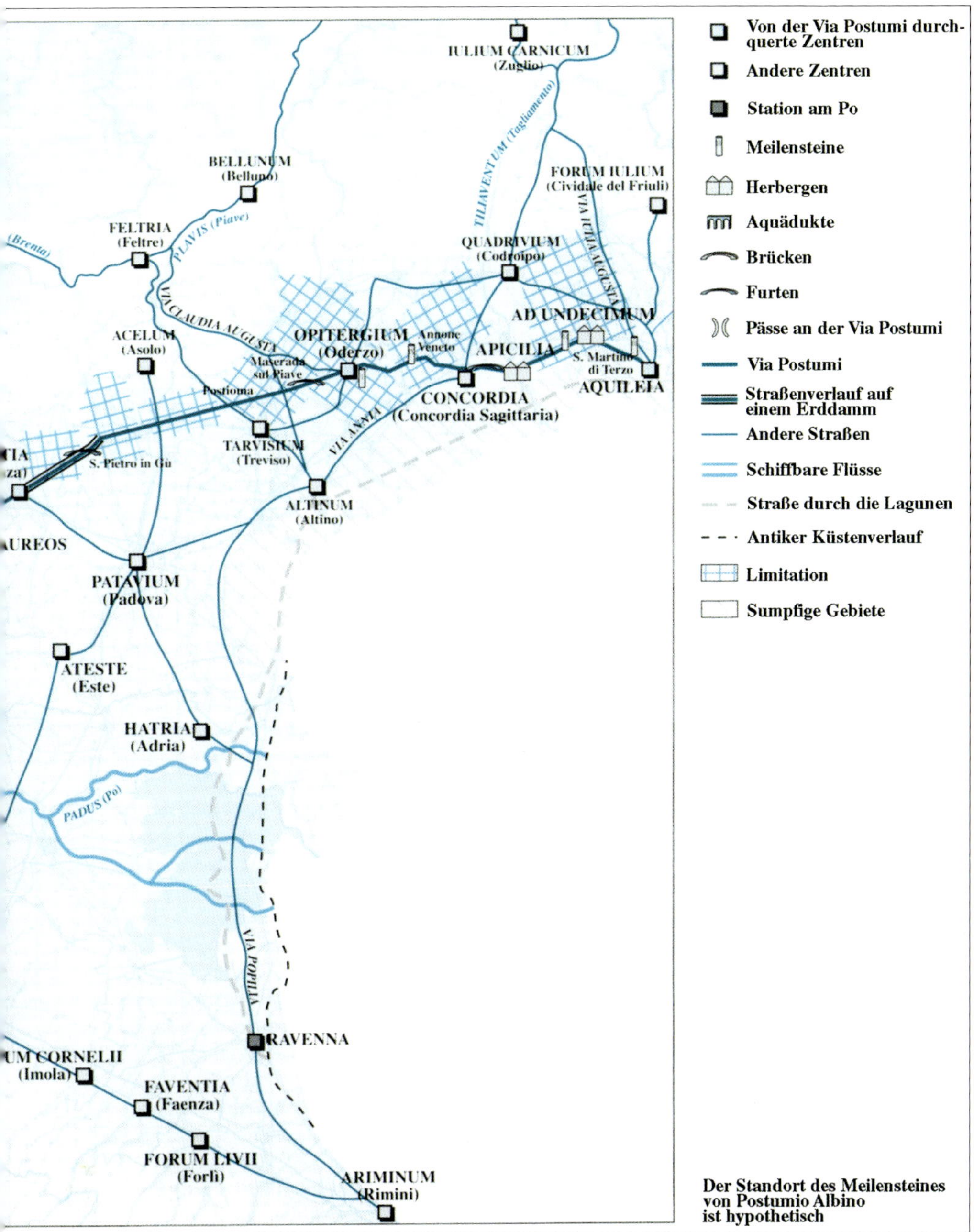

Ficarolo

Neue Grabungen erhellen die Geschichte

Von den zahlreichen Gutshöfen in der Polesine, also in dem Gebiet zwischen Etsch und Po, deren Lage bekannt ist, sind bisher nur wenige ausgegraben worden. Von einer dieser *villae rusticae* bei San Basilio am Po di Goro wurde ein 10 x 62 m langer Streifen mit Material freigelegt, welches vom 1. Jh. v. Chr. bis ins 5. Jh. n. Chr. reicht (Abb. 74). Bemerkenswert sind zwei Räume eines Privatbades. Alle Mauern einschließlich der Fundamente sind lediglich aus Ziegeln errichtet worden. Weil dieser Gutshof in der Nähe der Via Popilia liegt, haben die Ausgräber vermutet, daß das Anwesen mit der *mansio Radriani* zu verbinden sei, also einer Herberge, die auf der Tabula Peutingeriana, der bekannten spätantiken Straßenkarte, verzeichnet ist.

Interessanter ist jedoch der antike Gutshof Corte Cavanella von Loreo, 18 km nördlich von Adria (Abb. 73). Er liegt zwischen der Via Popilia und dem Meeresufer, wodurch sich die Möglichkeit ergab, ein überdachtes Becken zum Unterstellen von Kähnen durch einen Kanal mit der nahen Etsch zu verbinden. In dem Becken lag noch ein antiker Kahn, der für die Fahrt auf Flüssen geeignet war. Das Dach der Schiffshalle wurde von Sockeln, die gänzlich aus gebrannten Ziegeln hergestellt waren, und Pfeilern ohne weitere Mauern frei getragen. Neben diesem Becken liegt das Wohnhaus, dem ein dreiseitiges Peristyl vorgelagert ist. Auch hier standen die Stützen auf Sockeln aus Ziegeln, die in Größe und Form den Sockeln in Ficarolo völlig gleichen, dem dritten großen Gutshof in der Polesine. Corte Cavanella lieferte Material aus dem 1.–4. Jh. n. Chr. und ist wahrscheinlich bei einer großen Überschwemmung untergegangen.

Die ungeschützten Höfe abseits der Städte zeigen uns, daß die Padana während der Kaiserzeit als eine Landschaft galt, die keine äußeren Feinde mehr zu fürchten hatte. Zu ihrem Aufschwung trug bei, daß bereits Kaiser Augustus Ravenna zum wichtigsten Militärstützpunkt an der Adria gemacht hatte, als er hier die Hälfte

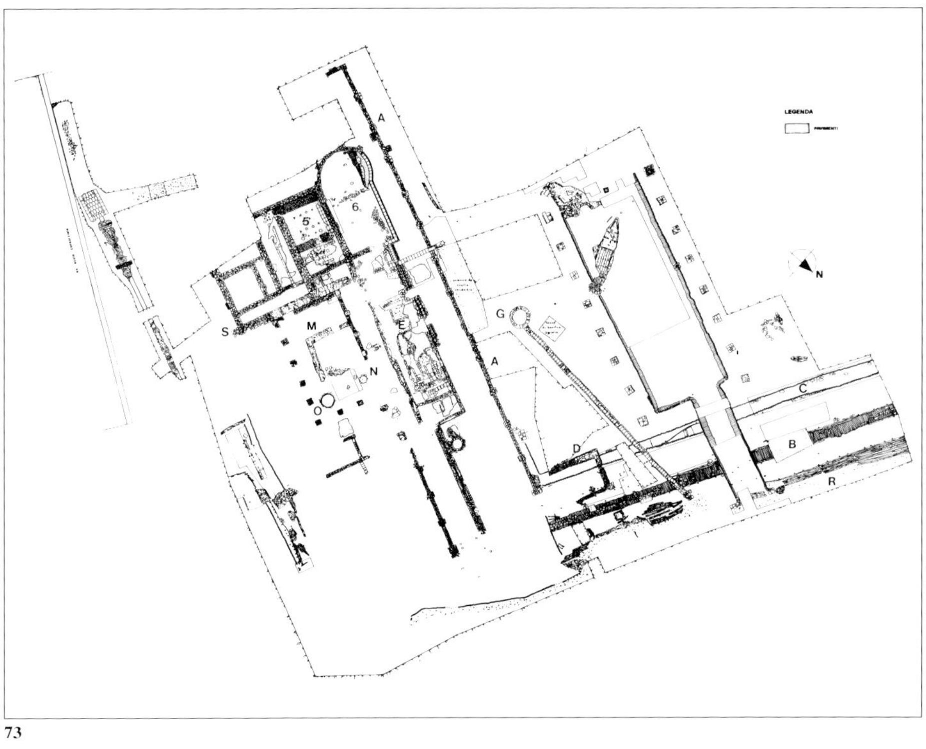

73

Abb. 73 **Steinplan der interessantesten «villa rustica» aus der Polesine: Corte Cavanella bei Loreo (westlich des Po-Deltas). Links ist der Wohntrakt mit Innenhof zu sehen, rechts liegt die Schiffshalle, in deren Becken noch ein Kahn gefunden wurde.**

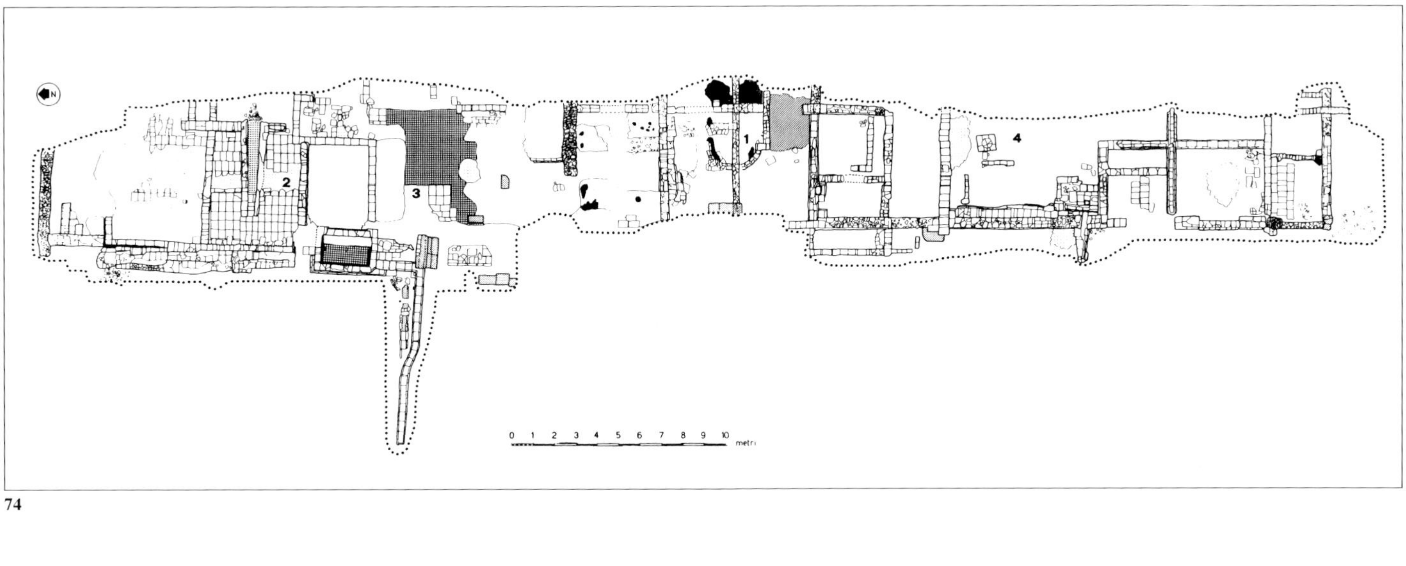

74

Abb. 74 **Steinplan der nur zum Teil ausgegrabenen «villa rustica» von San Basilio bei Ariano Polesine (westlich des Po-Deltas). Man erkennt eine Folge von Räumen, darunter eine Apsis (1), einen Ofen (2), einen mit Tonplatten gepflasterten Raum (3) und eine Portikus (4).**

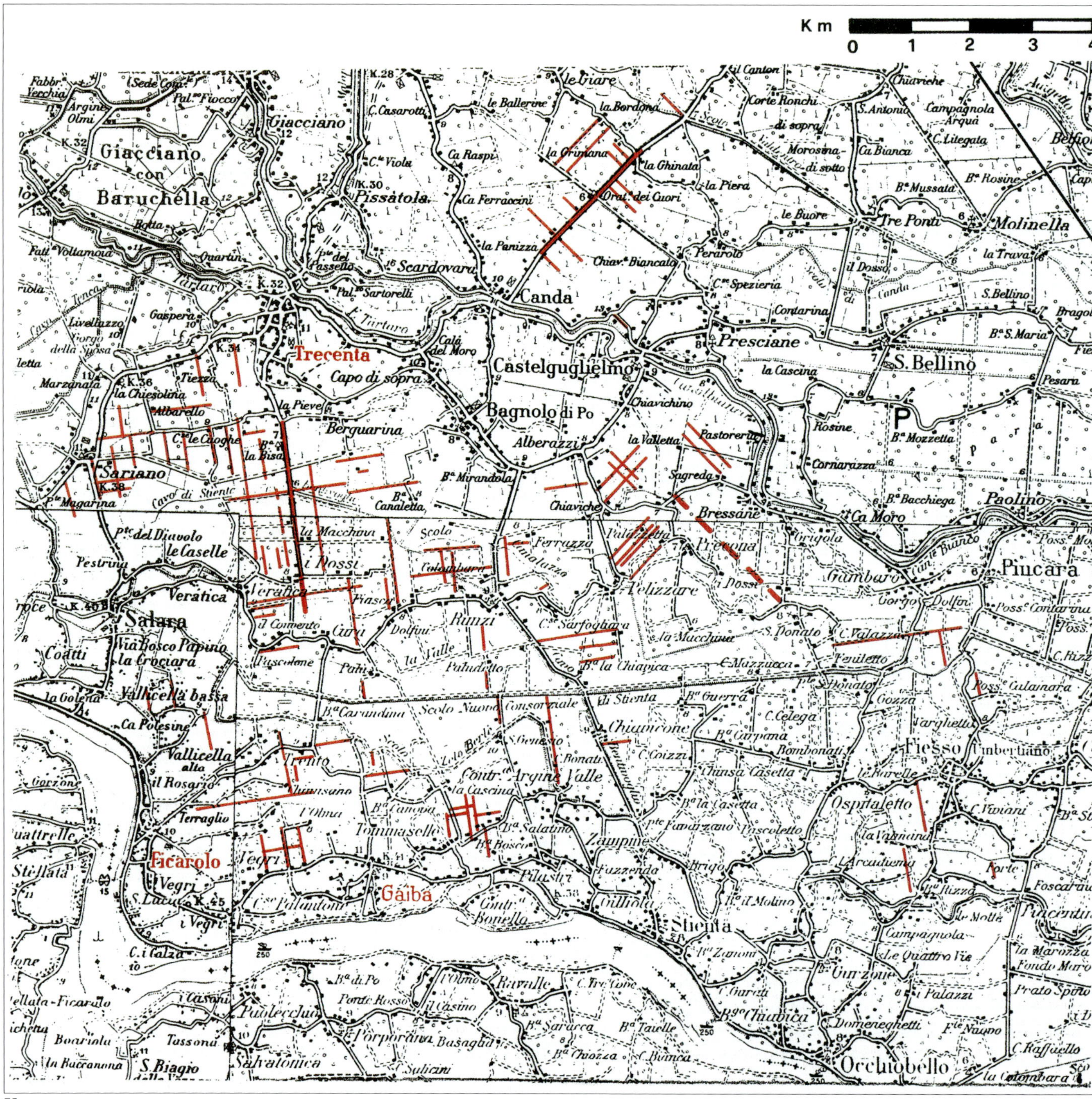

75

der römischen Flotte stationierte; die andere Hälfte lag am Tyrrhenischen Meer nahe bei Neapel in Misenum.

Die Gebäudereste, die wir in der Nähe von Ficarolo ausgegraben haben, sind ein Beispiel für ein landwirtschaftliches Gehöft, das seinen Anfang im 1. Jh. v. Chr. nahm und bis zum Untergang der Ostgotenherrschaft in der Mitte des 6. Jhs. n. Chr. bewohnt war. Es ist ein Punkt in der Geschichte, es ist aber auch ein entwicklungsfähiger Punkt in der Geographie der Landschaft, eingespannt zwischen den bedeutenden Städten Bologna und Padua. Hier in Ficarolo hatte sich an einer Kreuzung von Staatsstraßen bereits im 1. Jh. n. Chr. aus einem Gutshof ein Hotel für Reisende entwickelt, das alle Wirren des römischen Staates überdauert hat (Abb. 75). Als ländliches Anwesen angelegt, von Veteranen bis ins 3. Jh. n. Chr. besucht, ist dieser Fundplatz ein einmaliger Fall für die archäologische Erforschung, um die Kontinuität unter den harten Lebensbedingungen im Überschwemmungsgebiet des Po über einen Zeitraum von 600 Jahren zu verfolgen. Diese Geschichte ist durch archäologische Ausgrabungen gut belegt, wie wir sie im Laufe von zehn Jahren durchführen konnten. Dieser Ort auf dem flachen Land zwischen den großen Städten, direkt am Po gelegen und von den jährlichen Überflutungen betroffen, hat bis in die Spätantike hinein für hohe Gäste Tafelgeschirr und Wein bereit gehalten, aber auch Reparaturbetriebe und Vergnügungen für die Reisenden, so daß im 6. Jh. n. Chr. noch eine Familie hochgestellter Ostgoten hier Einzug hielt und auch bestattet wurde.

Abb. 75 Spuren der römischen Limitation (rote Linien) im Gebiet des Po-Knies zwischen Ficarolo, Gaiba und Trecenta.

Die Ausgrabungen in Ficarolo

Im ländlichen Gebiet zwischen den Städten Ferrara und Mantua bei den Orten Ficarolo und Gaiba, fanden in den Jahren 1990–2000 Ausgrabungen durch die Verfasser und Studenten der Ruhr-Universität statt, die von der Soprintendenz von Padua (Simonetta Bonomi) und dem Museo dei Grandi Fiumi in Rovigo (Raffaele Peretto) unterstützt wurden. Hauptsponsoren waren die Gerda Henkel Stiftung in Düsseldorf und die Regione Veneto; vielfältige Hilfe haben wir von weiteren Organisationen, Firmen und Privatpersonen erfahren.

Ausgewählt wurde das Gebiet von Ficarolo und Gaiba, weil sich an der Oberfläche bereits über 30 kartierte Fundstellen gezeigt hatten, die so verstreut lagen wie es für Gutshöfe in der Antike typisch war. Ficarolo war damals also weder eine Kleinstadt noch eine geschlossene, dörfliche Siedlung, sondern eine Landschaft mit einzelnen Höfen, die sich vielleicht in der Verwaltung zu einem Dorf (*vicus*) zusammen geschlossen hatten. Sichtbar ist aus der römischen Zeit am Ort nichts mehr. An keiner Stelle ragen Mauern über die Ackeroberfläche hervor, und auch die Stellen unserer Ausgrabungen wurden jedes Jahr wieder mit Ackererde bedeckt, um wieder landwirtschaftlich genutzt werden zu können.

Ficarolo liegt am nördlichen Ufer des Po an dem Punkt, an dem sich der Fluß in der Antike bereits in zwei Arme geteilt hatte.

In römischer Zeit war der südliche Arm der wichtigere, der westlich vom heutigen Ferrara auf Comacchio zufloß. Im 12. oder 13. Jh. verlagerte der Po aber seinen Hauptarm nach Norden und mündete in der Nähe von Adria ins Meer. Beide Po-Arme boten den wichtigsten antiken Häfen Spina und Adria, über die der Handel zwischen Griechen und Etruskern abgewickelt worden war, günstige Bedingungen: die Ware konnte dort auf Schiffe für Binnengewässer umgeladen werden. Es haben sich während unserer Grabung in Ficarolo jedoch keine etruskischen oder griechischen Scherben gefunden, die von diesem Handel zeugen, sondern ausschließlich römische Keramik und Besiedlungsspuren. Diese geben Einblick in das Leben auf dem Lande.

Das große Anwesen in der Gemarkung Chiunsano, das wir fast vollständig freilegen konnten (Abb. 76a.b), liegt an der Kreuzung von zwei römischen Landstraßen, von denen wir zehn typische Pflastersteine (Abb. 77) in den Gärten entlang der Nord-Süd-Straße aufspüren konnten. Die eine der beiden Landstraßen, die sich in Ficarolo kreuzten, könnte die Via Aemilia Minor gewesen sein; sie kommt von Bologna, vereinigt sich mit einer Stichstraße von Modena her und läuft im Tal

76a

76b

***Abb. 76a.b** Modell des Landgasthofes von Ficarolo/Gaiba in seiner Blütezeit (1. Jh. n. Chr.), angefertigt von Bochumer Studenten, die an den Ausgrabungen teilgenommen hatten. (a) zeigt den Blick von Süden auf die Portikus, davor den gepflasterten Bereich und den Pfeilerbau zum Unterstellen von Wagen und Pferden, (b) ist ein Blick von Norden mit der Andeutung der Landstraße rechts vorne.*

77

78

des Flüßchens Reno bis zu einem Flußübergang des Po. Diese Straße muß auf möglichst kurzem Weg die vom Hochwasser heimgesuchte Po-Niederung überquert haben, um zu ihren Zielorten Ateste/Este und Patavium/Padua zu gelangen. Unterwegs streift sie einen Vicus Varianus, dessen Lage unbekannt ist: es war ein Dorf oder wenigstens ein Wochenmarkt, für den die heutige Ortschaft Variano bei Bondeno ebenso wie Bariano bei Castelmassa angenommen wurde. Zwischen beiden Ortschaften liegt das heutige Ficarolo, in diesem Ortsnamen könnte sich ebenfalls *vicus varianus* erhalten haben (-olo, -ulum ist eine Verkleinerungsform).

Die andere Landstraße hat die Via Aemilia Minor am Nordufer des Po bei Ficarolo gekreuzt. Sie ist auf der Tabula Peutingeriana verzeichnet, einer spätantiken Straßenkarte, die uns nur in einer Renaissance-Kopie erhalten ist; ihr Besitzer war der Augsburger Humanist Konrad Peutinger. Diese Straße kam von Verona her und erreichte den Po bei Hostilia/Ostiglia, lief dann am Nordufer des Po entlang auf Ravenna zu und ist in diesem Abschnitt auf der Karte mit «ab Hostilia per Padum», «von Ostiglia aus am (alten) Po entlang», bezeichnet (Abb. 78). Sie muß auf jeden Fall an Ficarolo vorbei über Ferrara und Argenta nach Ravenna verlaufen sein, wo sie auf die Via Popilia stieß.

In den Provinzen, speziell in der Padana, sind gepflasterte Strecken antiker Landstraßen die Ausnahme. Meistens hatten Straßen nur einen Schotterbelag. Aber an besonders beanspruchten Stellen wurden die großen Pflastersteine verwendet: Ausfahrten aus Städten, Straßenkreuzun-

Abb. 77 Ein typischer Pflasterstein von einer römischen Staatsstraße, hier kopfüber auf dem Pfeiler einer Gartenmauer.

Abb. 78 Ausschnitt aus der Tabula Peutingeriana mit der Straße «ab Hostilia per Padum», an der Ficarolo liegt. Hostilia ist am linken Bildrand zu sehen; das Gewässer in der Bildmitte ist die Adria, auf deren gegenüberliegender Seite die befestigte Stadt Aquileia eingezeichnet ist.

Abb. 79 Lage von Chiunsano auf dem Gebiet von Ficarolo und Gaiba.

Abb. 80 Gesamtplan des Areals von Chiunsano nach Abschluß der Ausgrabungen im Jahre 2000 mit den Jahreszahlen der Grabungskampagnen. Im Quadrat C 3 liegen die Spuren eines älteren Gutshofs, die bei der Umwandlung in ein Hotel überbaut wurden.

gen, Auffahrten auf Brücken und Flußübergänge. Polygonale Pflastersteine zeigen deshalb unabweislich an, daß hier oder in der Nähe des Fundorts einerseits eine Staatsstraße verlief und andererseits, daß diese Staatsstraße gerade eine besonders beanspruchte Stelle passierte. Lag der antike Vorgänger von Ficarolo an einer Straßenkreuzung und zusätzlich an einem Flußübergang, dann ist die Bedeutung dieses Brückenkopfes auf dem Nordufer des Po für den Handel und den Verkehr in der Antike nicht zu unterschätzen.

Grundsätzlich wird man der Via Aemilia minor eine wichtige Rolle bei der Erschließung der Padana zugestehen, weil sie die einzige schnelle Verbindung zwischen Bologna und Padua ist, während die Straße auf dem Nordufer des Po, da der Fluß schiffbar war, für den Verkehr in der Padana nicht zwingend notwendig war und deshalb nicht zu den ersten Aufgaben des Straßenbaus gehört haben wird. Die Straße parallel zum Po setzt bereits eine gewisse Beruhigung des Flusses durch Kultivierung voraus, also die Anlage von Kanälen und Hemmnissen wie Molen und Deichen, mit denen der Fluß auch bei höherem Wasser in seinem Bett gehalten oder nach Süden abgeleitet werden konnte. Außerdem wird die Straße am Nordufer in der antiken Literatur nicht erwähnt, sondern taucht nur auf der spätantiken Straßenkarte auf. Alle in der Umgebung von Ficarolo festgestellten Gutshöfe haben von dieser Straßenkreuzung profitiert. Ob der Flußübergang bei Ficarolo aber tatsächlich den Verlauf der Via Aemilia minor bezeugt oder eine Parallelstraße ist, läßt sich bisher nicht bestimmen.

Die Gutshöfe in der Padana, von denen viele aus Veteranen-Ansiedlungen hervorgegangen sind, hatten ganz unterschiedliche Schicksale. Der beste Kenner römischer Siedlungsspuren auf dem flachen Lande der Padana, M. Calzolari,

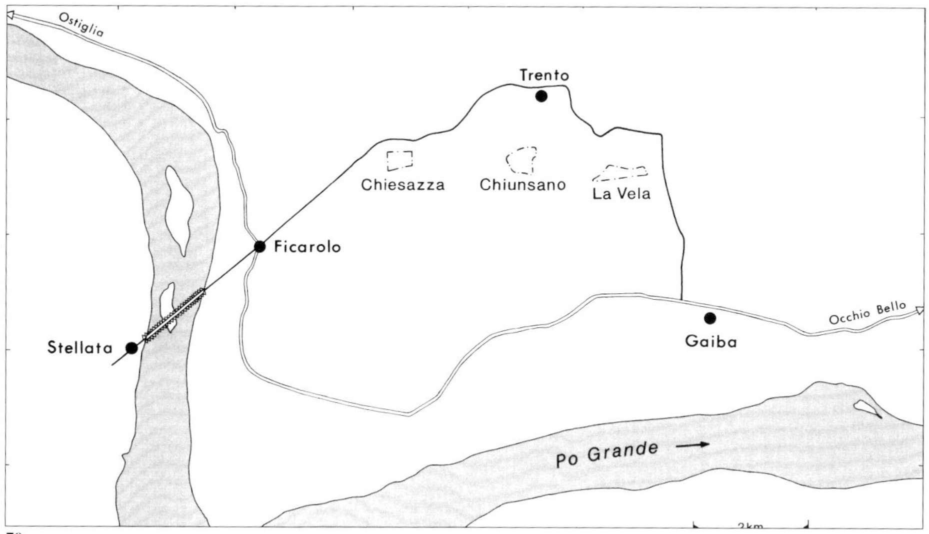

79

80

81

82

83

84

stellte 1989 fest, daß nur etwa 5 % der Ruinen römischer Gutshöfe «eine Spur von Luxus» zeigen. Unsere *villa rustica* in Chiunsano, die zumindest als Gutshof im 1. Jh. v. Chr. ihre Existenz begann, gehört ohne Zweifel zu diesen 5 % erfolgreichen Betrieben.

Eine *villa rustica* ist eine kleine, im besten Falle eine autarke Welt, die sich hauptsächlich von den Erträgen der Landwirtschaft, wie es Cato (234–149 v. Chr.) oder Columella (etwa 10–80 n. Chr.) in ihren Sach- und Fachbüchern dargestellt haben, mit einem gewissen Überschuß erhält. Angegliedert sind Werkstätten für alle Bedürfnisse des Landlebens: eine Schmiede zur Herstellung der Werkzeuge, eine Schreinerei für die Wagen, Pflüge, Möbel, eine Töpferei für die Gebrauchskeramik, ein Raum für die Herstellung von Textilien, Stallungen für Pferde und Rinder, Weideflächen und Pferche für das Kleinvieh, Kelterräume für den Wein und entsprechende Keller, Scheunen für die Lagerung der Feldfrüchte, ein Fuhrpark mit Reise- und mit Lastenfahrzeugen, Unterkünfte für das Personal, also Freigelassene und Sklaven, aber auch für verarmte römische Bürger, Freiflächen und Gärten, die dem Herrenhaus eine schöne Aussicht und ein beeindruckendes Aussehen geben. Alles dies und ein Platz für die Bestattung der Toten in einem Bezirk am Rande des Gutes, möglichst in der Nähe einer Hauptstraße, macht eine *villa rustica* aus.

Die Ausgrabung in Chiunsano

Die Gemarkung Chiunsano (Abb. 79), etwa 2 km vom Ortskern Ficarolos entfernt, wird im Norden von einem modernen Wasserkanal begrenzt, der vermutlich einem antiken Flußlauf folgt. Im Süden spitzt sich das Feld dreieckig zu, obwohl die übrige Feldereinteilung rechteckig ist. Genau auf dieser dreieckigen Fläche liegt die Ausgrabungsstelle. Auf dem genordeten Gesamtplan (Abb. 80), der eine Fläche von 100 zu 80 m umfaßt, zeichnen sich drei Komplexe ab: ein Hauptgebäude, das ca. 80 x 23 m groß ist und sich nach Süden mit einer Portikus auf eine gepflasterte Fläche öffnet. Im Südosten folgt mit gleicher Ausrichtung eine auf mindestens 14 Sockeln errichtete Pfeilerhalle, vermutlich eine Scheune oder ein Unterstand für Wagen und Pferde. Der nur angeschnittene dritte Komplex im Südwesten ist etwas anders orientiert. Er hatte geschlossene Mauern und wurde neben dem Hauptgebäude als zweites Wohnhaus genutzt. Zwischen diesem Haus und dem Hauptgebäude fanden wir 1992 auf dem Pflaster die inzwischen berühmt gewordene «Dame von Ficarolo», das Grab einer Frau mit vergoldetem Trachtenschmuck aus der frühen Völkerwanderungszeit.

85

86

Abb. 81 ***Eine Amphore steckt kopfüber in dem Kanal, der ursprünglich unter der Pfeilerhalle verlief.***

Abb. 82 ***Sockel der Pfeilerhalle; vorne die Westseite, rechts die Südseite, links im Hintergrund die älteren und jüngeren Pfeiler der Nordseite.***

Abb. 83 ***Links ein reparierter Sockel, rechts ein Ersatzsockel auf höherem Niveau von der südlichen Pfeilerreihe.***

Abb. 84 ***Ein anderer Sockel der südlichen Pfeilerhalle.***

Abb. 85 ***Sockel auf der Nordseite der Pfeilerhalle, rechts daneben der Vorgänger, der einen halben Meter tiefer steht.***

Abb. 86 ***Sockel und Vorgängersockel auf der Nordseite der Pfeilerhalle. Im Hintergrund das Sockelpaar der Abbildung 85.***

87

88

89

Die Pfeilerhalle

Ursprünglich verlief ein Kanal an der Stelle, an der die scheunenähnliche Pfeilerhalle erbaut wurde. Der Kanal, der nun mit Schutt aufgefüllt wurde, war so tief, daß eine Amphore kopfüber gerade darin Platz hatte (Abb. 81). An den Rändern der Halle stießen wir auf insgesamt 14 Sockel verschiedenen Aussehens (Abb. 82); sie werden deshalb an den Anfang der Architekturbeschreibung gestellt, weil sie am anschaulichsten über das Leben im Überschwemmungsgebiet des Po Auskunft geben können. Auf der Südseite stehen fünf Sockel in gleichem Abstand von 3,60 m; in die Zwischenräume aber sind zwei Ersatzsockel eingefügt, die auf höherem Niveau beginnen! Betrachtet man das südöstliche Paar genauer (Abb. 83), dann stellt man fest, daß der alte Sockel mehrmals geflickt und in seiner Position korrigiert wurde, bevor ein Ersatzsockel unmittelbar daneben errichtet wurde. Aus der Südseite stammt ein weiteres Bild eines mehrfach korrigierten Sockels (Abb. 84). Offenbar schwankte der Oberbau. Die Sockel der Nordseite entsprechen in ihrer Bauphase denen der Südseite. Doch hier zeigte sich, daß in einer etwas abweichenden Ausrichtung bereits drei frühere Sockel standen (Abb. 85), allerdings einen halben Meter tiefer (Abb. 86)! Offensichtlich hat man das Konzept der Pfeilerreihen auch nach schweren Überschwemmungskatastrophen nicht aufgegeben, sondern hat das Niveau aufgehöht und das Gebäude, so gut es ging, immer wieder instand gesetzt. Übrigens sind die Formate der zum Bau verwendeten Mauerziegel und ihre Färbung in jeder der drei Hauptperioden unterschiedlich. Nicht nur die Pfeilerhalle, sondern das gesamte Gebiet der Villa ist von diesen Katastrophen betroffen gewesen.

Abb. 87 Reste des Altars im Altarhof.

Abb. 88 Ein Mauerabschnitt, der aus großen Mauerziegeln erbaut ist. Die hellen Stellen stammen von einer dünnen Mörtelschicht.

Abb. 89 Mauerabschnitte, gefügt aus Bruchstücken von Leistenziegeln.

Abb. 90 Für die Padana typischer Mauerziegel mit Griffloch in der Unterseite.

Abb. 91 Großer Leistenziegel.

Abb. 92 Die Portikus wird im Osten von einem starken Sockel begrenzt, der fünf verschiedene Bauphasen und Korrekturen aufweist.

90

91

Das Hauptgebäude

92

Das große, rechtwinklige Gebäude mit vorgelagerter Säulenhalle (= Portikus) im Süden ist während unserer Ausgrabung fast vollständig freigelegt worden. In der Mitte liegt ein Hof mit gemauertem Altar (Abb. 87): seine Wandung ist aus senkrecht gestellten Mauerziegeln errichtet, die stark verbrannte Altarplatte war mit kleineren Ziegeln gepflastert. Zu beiden Seiten des Altarhofes gliedern sich Flügel an, die mehrere Reihen Zimmer enthalten. Diese Flügel waren zweigeschossig, wie die Reste eines Treppenhauses im Ostflügel zeigen. Eine durchlaufende Portikus mit einheitlichen Abständen der Stützen band die drei Teile des Gebäudes optisch zusammen.

Am Gebäude wurde in antiker Zeit ununterbrochen repariert, nur sehr wenige Mauerabschnitte (Abb. 88) sind aus ganzen, damals neuen, großformatigen Mauerziegeln errichtet. Die meisten Fundamente bestehen aus wieder verwendetem Material (Abb. 89): Fragmenten von Mauerziegeln, Dachziegeln und großen Gefäßen. Stein hätte von weither herangeschafft werden müssen, Gußmauerwerk wie in Rom gibt es hier nicht. In der Padana wurden spezielle Mauerziegel gebrannt, die auf der Rückseite ein bequemes Griffloch haben, um diese schweren Stücke leichter tragen zu können (Abb. 90). Sie sind von den großen flachen Dachziegeln (Abb. 91) leicht zu unterscheiden. Die Mauerziegel sind bereits in der Spätantike gesammelt und geplündert worden; aber auch die Mönche des 10. Jhs. haben sie zum Kirchenbau z. B. in Nonantola bei Modena verwendet. So blieben vorwiegend solche Mauer-

93

94

strecken im Grabungsgebiet übrig, deren Material nicht weiter verwertet werden konnte.

Die östliche Begrenzung des Gebäudes bildet am Ende der Säulenhalle der große Sockel (Abb. 92). *In situ*, d. h. noch in ursprünglicher Lage, trafen wir ferner noch drei Säulenstümpfe an, die einen Abstand von 3,20 m voneinander haben (Abb. 93). Diese Säulen waren auf zwei Mauerziegel aufgesetzt und aus Formziegeln gemauert, die wie die Viertel einer Torte zusammengelegt waren. Weiter westlich waren quadratische Podeste untergelegt, von denen einige Säulen, andere Pfeiler trugen. Manche Sockel findet man erhöht; sie sind an derselben Stelle ein zweites Mal errichtet worden, weil sich nach Überschwemmungen offenbar das Niveau verändert hatte. Vor dem Altarhof standen vier Stützen, vor jedem Flügel elf.

Vor dem Westflügel und in der Nähe des Altarhofes entdeckten wir im letzten Ausgrabungsjahr innerhalb der Portikus einen 7,50 m tiefen Brunnen (Abb. 94) mit gemauerter Wandung, der mit Schutt gefüllt war, aber nach der Reinigung wieder kühles, klares Wasser lieferte. Der Schutt bestand aus Ziegeln, Keramik und Holz, darunter sogar eine Öllampe (Abb. 95). Das Material läßt sich in das 1. und 2. Jh. n. Chr. datieren und zeugt von einem Brand des Dachstuhls am Ende dieser Zeit. Der Brunnen war so angelegt, daß Rolle und Seil am Gebälk der Halle befestigt werden konnte. Hinter dieser Portikus erstreckten sich im Osten drei Reihen unterschiedlich breiter Räume, von denen im Westflügel nur die südliche Reihe vollendet wurde.

Typus und Bestimmung des Hauptgebäudes

Der Grundriß dieses Gebäudes mit Altarhof ist für eine *villa rustica* ganz unüblich. Normalerweise hat eine solche Villa südlich der Alpen einen quadratischen Innenhof, wo man allenfalls bei Festen einen Altar aus Rasenstücken errichtet hatte. Einen ständigen Altar zu Seiten des Wohntraktes aber treffen wir bei Poststationen und Herbergen an, die von den Römern *mansiones* oder *stationes* genannt werden. Es ist wichtig, daß wir unter dem Altarhof nirgends Spuren einer Vorgängerbebauung gefunden haben, wohl aber im zentralen Bereich des östlichen Wohntrakts. Hier begann das Leben in der 2. Hälfte des 1. Jhs. v. Chr. mit dem Bau einer *villa rustica*! Der Umbau zu einer Poststation scheint dagegen erst im 1. Jh. n. Chr. erfolgt zu sein.

Von dem früheren Gebäude haben sich unter anderem mit Tonplatten gepflasterte Räume und Mauern erhalten, die während einer Überschwemmungskatastrophe so stark abgesunken waren (Abb. 96), daß die Mauern neu errichtet werden mußten. Zwischen den älteren und den neueren Fundamenten liegt eine ca. 10 cm starke

Abb. 93 ***Eine der aus Formziegeln gemauerten Säulen.***

Abb. 94 ***Der 7,50 m tiefe Brunnen innerhalb der Portikus liefert noch immer kühles Wasser.***

Abb. 95 ***Firmalampe aus dem Brunnen mit dem Namen des Töpfers ATIMETI.***

Abb. 96 ***Abgesunkene Mauern aus der ersten Phase der «villa rustica».***

Abb. 97 ***Bodenplatte des kleinen Bades.***

Lehmschicht. Insgesamt wurde das Niveau bei dem Neubau durch Erdauffüllungen etwas angehoben, wie wir es bereits bei der Pfeilerhalle gesehen haben. Offenbar hat sich dadurch der Untergrund stabilisiert, denn in der neuen Phase sind solche Verwerfungen nicht mehr anzutreffen. Zu dieser Phase gehört eine Bodenplatte aus antikem Beton, wie sie in Bädern dieser Zeit vorkommt (Abb. 97); auf ihr standen noch zwei Tonpfeilerchen, die für Fußbodenheizungen üblich waren. Diese Platte liegt noch immer ganz horizontal. Im westlich anschließenden Raum lag wahrscheinlich die Weberei, wie aus über 20 Webgewichten hervorgeht (vgl. Abb. 133). Die Nutzung anderer Räume läßt sich nicht bestimmen, doch machen die zahlreichen Feuerstellen, die teils Herde zum Kochen, Schmiedeplätze oder Öfen zum Kalkbrennen waren, deutlich, daß viele verschiedene Aktivitäten gleichzeitig abliefen. Eine besonders sauber verlegte Herdplatte, aus großen Fragmenten von Dachziegeln gebildet (Abb. 98), trug neben einem Aschehügel noch eine verbrannte Amphore.

Auffallend im Grundriß des Hauptgebäudes sind einige Mauerverstärkungen (Abb. 99), die offensichtlich nicht zu nachträglich angebrachten Strebepfeilern an einer wankenden Mauer gehörten, sondern von vornherein vorgesehen waren. Für ihren Zweck kommen zwei Möglichkeiten in Betracht: entweder bestand hier eine Treppe ins Obergeschoß, oder der Doppelraum östlich des Altarhofes war als Turm besonders gesichert.

Auf einen anderen merkwürdigen Befund trafen wir 1996. Ein großer weißer Stein, nur grob in eine rechteckige Form gebracht, lag zwischen Mauern, von denen eine ihn leicht überdeckte (Abb. 100). Dieser Stein stammt aus einer älteren Phase als die Mauern, denn wie eine Sondage ergab, ruht er auf einem Sockel aus Mauerziegeln, der mehr als einen halben Meter tief unter das Niveau der Mauern reicht. Der Sockel nimmt die rechteckige Form des Steines auf, so daß Sockel und Stein füreinander gearbeitet wurden. Der Stein ist zwar diagonal gebrochen, doch ist keine Spur von einer Stütze oder einer Verankerung zu erkennen. Da er früher aufgestellt wurde, als die ihn umgebenden Mauern, und weil es kein Pendant zu ihm in dem ausgegrabenen Teil des Hauptgebäudes gibt, hat der Stein vielleicht einmal angegeben, wo die Grenze zwischen zwei Grundstücken verlief. Als man die Villa zu einer Poststation umwandelte, waren die beiden Grundstücke vereinigt worden. Diese Deutung erklärt auch, daß wir nur östlich von diesem Stein die Reste eines früheren Hauses gefunden haben.

95

96

97

98

99

Das Haus im Südwesten

Zwischen dem Hauptgebäude und dem Haus im Südwesten unserer Grabungszone liegt eine rustikal gepflasterte Hoffläche. Von diesem Haus haben wir nur die lange Nordmauer ausgegraben, im Modell ist es nicht dargestellt (vgl. Abb. 76a.b). Vor der Nordmauer trafen wir auf eine lockere Reihe von großen Ziegelfragmenten, die offensichtlich die Funktion hatten, das vom Dach abtropfende Regenwasser vom Haus fernzuhalten. Am Westende macht die Nordmauer gen Süden einen Winkel. An dieser Stelle liegt unter der Mauer eine Vorgängermauer aus ganzen Mauerziegeln, während die Nordmauer aus bereits gebrauchten und zerbrochenen Mauerziegeln errichtet worden war: ein deutliches Zeichen für die Wiederherstellung des Hauses nach einer Überschwemmungskatastrophe. Am nordwestlichen Mauerwinkel kamen herrliche Fragmente von römischem Buntglas zutage, Streifenmosaikglas von bester Qualität, aber auch Tischkeramik der augusteischen Zeit. Die Mauer der zweiten Phase liegt etwas höher (Abb. 101) und ist mit zerkleinertem Bauschutt unterfüttert.

Ausstattung des Gutshofs

Im folgenden wollen wir versuchen, anhand der Funde des römischen Gutshofs von Chiunsano ein Bild vom täglichen Leben dieser Zeit an diesem Ort zu geben. Es handelt sich hier aber nicht um eine römische Stadt wie die bereits besprochenen oder eine von der Vesuvlava verschüttete Villa, bei der die Räumlichkeiten mit all ihren Einrichtungen, Holzmöbeln, Vorratskellern, mit Bädern, Freskomalereien an den Wänden, Pergolen, mit Statuen, Geschirr, Herden etc. eingeschossig, manchmal sogar zweigeschossig erhalten sind, sondern nur um ein über sechs Jahrhunderte bewohntes Gut. Dieses ländli-

***Abb. 98** Herdplatte, hergestellt aus Leistenziegeln.*

***Abb. 99** Mauerverstärkungen sichern das Treppenhaus.*

***Abb. 100** Ein großer Trachytblock aus der Frühphase der Villa ist vielleicht ein Grenzstein. Er liegt auf einem gemauerten Sockel, der sich erst in einem tiefen Schnitt zeigte.*

***Abb. 101** Mauer des südwestlichen Gebäudes, zweite Phase aus wiederverwendetem Material.*

che Anwesen hat viele Überschwemmungen des nahe gelegenen Po, Zerstörungen und Wiederaufbauten, Änderungen und Neuanfänge mitgemacht. Seitdem es im 6. Jh. n. Chr. verlassen wurde, ist es von den umliegenden Bewohnern ausgeplündert worden und überdauerte dann als Schuttmasse unter der Ackererde von nur einem halbem Meter Dicke die folgenden eineinhalb Jahrtausende. Auch der Pflug hat sein übriges getan. Allein die Tatsache, daß an dieser Stelle nicht der seit der Nachkriegszeit entwickelte Tiefpflug von rund 1 m Tiefgang benutzt wurde, sondern weiterhin derjenige von 40 cm Tiefe, hat unser Objekt vor der endgültigen Zerstörung bewahrt. So ist es erfreulich, wenn außer den Fundamentresten der Bauten und den Ziegelhaufen vom eingestürzten Dach, die sich um jede Ruine ansammeln, Gegenstände des täglichen Lebens tatsächlich noch so daliegen, wie sie bei einer Zerstörung oder nach dem langsamen Verfall hinterlassen wurden.

Was außer den stets zu findenden Keramikscherben anzutreffen ist, ist natürlich eine Auswahl von Alltagsgegenständen, denn kostbare Stücke wurden beim Wegzug mitgenommen oder geraubt. Trotzdem ist es erstaunlich, wie viel im Laufe der Zeit dort zurückgeblieben ist. Auffallend ist vor allem die Menge der Münzen, die auf dem Boden verloren und nicht wiedergefunden wurden! So haben wir in zehn Jahren 675 Münzen gefunden, darunter 60 relativ kostbare Silbermünzen – eine enorme Zahl. In derselben Zeit wurden aus demselben Boden nur drei neuzeitliche Münzen geborgen, alle drei aus dem 19. Jh. Münzen sind klein und hart und daher immer als Ganzes zu finden; bei anderen Gegenständen grenzt die Vollständigkeit schon an ein Wunder. So fand sich eine komplette kleine Waage mit ihrem Gewicht (vgl. Abb. 111).

An der Keramik läßt sich besonders gut zeigen, wie Objekte in den Boden gelangten. Bei größeren Keramikfragmenten hoffen wir ständig, die fehlenden Teile in der unmittelbaren Umgebung zu finden, was sich jedoch in einem bewohnten Gebiet niemals bewahrheitet. Geschirr wurde, wenn es kaputt war, hinter das Haus geworfen, wo sich dann zwar oft viele verschiedene Stücke finden, nie aber ein vollständiges. Nur selten finden sich unbeschädigte Gefäße wie der rote Weinkrug, der möglicherweise während einer Überschwemmung im Schlamm versunken ist (vgl. Abb. 123). Das Mobiliar des Hauses dagegen verbrannte oder wurde mitgenommen. Trotzdem gibt es Reste aus unvergänglichem Material, die natürlich nur einen winzigen Bruchteil der ehemaligen Einrichtung ausmachen. Wie gut,

100

101

daß es die von der Vesuvlava verschütteten Städte gibt, da sich dort unter Luftabschluß sämtliche Formen erhalten haben.

Kleine persönliche Habseligkeiten gingen natürlich oft verloren, der fündige Ausgräber freut sich über Dinge wie Haarnadeln, Nähnadeln, Fibeln, Ringe und Steine, Schlüssel, Amulette, Pferdeschmuck, Angelhaken, Waffenteile, bronzene Gefäßteile, Löffel, Kosmetikgeräte, Knöpfe, Spielzeug, Spiegel, Gewichte aus Bronze, Blei oder Stein, Eisennägel etc. Es sind fast alles Objekte aus Metall oder unvergänglichem Material wie Knochen, Stein oder Ton.

Wie oben beschrieben, hat der von uns ergrabene römische Gutshof mehr als sechs Jahrhunderte existiert, mal mehr, mal weniger erfolgreich. Die erhaltenen Mauern liegen alle unter Fußbodenniveau, sind also Fundamente. Die Fußböden unserer *villa rustica* sind nur in den Fällen erhalten – und das auch nur zum Teil –, wo es sich um sehr feste Pflasterungen offener Höfe handelte. Dieses Pflaster besteht aus fest zusammengestampften Wand- und Dachziegelscherben, die zum Teil in Mörtel gebettet sind.

Die Zimmerböden sind nirgends erhalten, aber sie werden wie folgend gestaltet gewesen sein: in einfachen Räumen und dort, wo gekocht wurde, aus Stampflehm, in besseren Räumen mit angefertigten kleinen sechseckigen Tonzylindern gepflastert, die dicht nebeneinander in den Lehm gebettet waren. Solche Böden findet man heute noch in Klöstern, und die alten Höfe in der Polesine sind ähnlich gepflastert. Aus anderen Grabungsstätten sind aber auch Hexagone bekannt, in die

102

vor dem Brand jeweils ein Mosaiksteinchen eingedrückt wurde. Diese kleinteiligen Pflaster sind im Aussehen am besten mit unseren Parkettböden zu vergleichen.

Die Wände waren auf unterschiedliche Weise hergerichtet; die Veredelung richtete sich sicherlich wie bei uns heute nach der Bedeutung des Raumes: ein Kalkanstrich auf rauhem Grund genügte für die einfachsten Nutzräume, aber dicker Mörtelputz verrät Wohnräume. Der Putz, mit dem die Wände geglättet wurden, diente außerdem als Träger für die beiden Hauptformen der Wandverkleidung: Inkrustation und Bemalung.

Inkrustation ist die übliche Ausstattung von Baderäumen. Mit dünnen gesägten Marmorplatten von 1–2 cm Stärke wurden dort Wannen, Stufen, Böden und mindestens der untere Teil der Wand ausgekleidet. Aber auch in repräsentativen Räu-

103

104

105

106

men kam Marmorinkrustation vor. Am beliebtesten war der etwas graue Marmor mit dunkler Äderung, der wahrscheinlich aus den Steinbrüchen von Luni (Carrara) stammt, seltener ist der gelblich-weiße Marmor ohne Äderung, der von den griechischen Inseln gekommen sein wird. Mit profilierten Marmorgesimsen schloß die Inkrustation oben ab.

Mit verstuckten und bemalten Wänden waren sicher nur wenige, aber doch die Wohn- und Speiseräume ausgestattet, denn immer wieder wurden Ansammlungen von Stuckfragmenten mit Farben und Linien gefunden. Sie lagen verstreut, kein einziges Stück befand sich etwa noch an seiner Mauer, wie es gelegentlich in besser erhaltenen römischen Häusern vorkommt. Die Vielfalt der Farben läßt auch in Chiunsano auf schön bemalte Räume schließen; es gibt Stuckstücke mit den Farben schwarz, weiß, rot, gelb, rosa, grün, rot mit weißen und grünen Linien. Die Wände muß man sich in der üblichen römischen Art vorstellen: jede Wand war in der Höhe dreigeteilt in den dunklen Sockel, den großen hellen Mittelteil und einen andersfarbigen, schmaleren oberen Teil. In der Länge sind die Wände ebenfalls dreigeteilt, so daß im Mittelteil drei helle Paneele entstehen, die durch Linien (hier grün und weiß) und breitere dunklere Streifen voneinander getrennt sind. Reste von Deckenstuck lassen auf eine Bemalung mit Kreisen schließen, wie sie in Häusern des römischen Köln gefunden wurden und dort im Römisch-Germanischen Museum zu sehen sind. Eine Überraschung waren schwarze Stuckfragmente (schwarz durch den leicht sich abreibenden und sowieso dünn aufgetragenen Ruß als Malfarbe), die beim Drehen im Licht glitzerten. Es war also hier in Chiunsano ebenso gearbeitet worden wie bei den roten Flächen der Häuser des römischen Köln an der Südseite des Doms. Die Malschicht war mit Kalzitkristallen durchsetzt, was bedeutet, daß ein mit Marmormehl gemischtes Pigment aufgetragen wurde. Der Effekt bei abendlicher Öllampen-Beleuchtung ist gut vorstellbar.

Das römische Haupthaus hatte verglaste Fenster, denn Stücke dieser meist unscheinbaren, gebrochenen glatten Glasscheiben wurden gefunden. Sie sind nicht so durchsichtig wie unser heutiges Glas, sondern eher den spätantiken und mittelalterlichen Butzenscheiben vergleichbar, wenn sie auch etwas größer waren. Unsere Fragmente sind graugrünlich durchscheinend und haben Schlieren; die eine Seite ist glänzend, die andere matt und körnig. Der verdickte Rand resultiert aus ihrer Herstellung, denn diese Fenstergläser wurden nicht geblasen, sondern in kleineren, ca. 24 x 24 cm oder 30 x 30 cm großen, mit Sand ausgelegten Kästen gegossen und mit Zangen wie ein Teig in die Ecken gezogen. Letztendlich wurden sie in hölzerne Rahmen eingesetzt. Fensterglas kam wenige Jahrzehnte nach dem Beginn des Glasblasens auf, wohl bald

107

Abb. 102 ***Scharnierröhren aus Bein.***

Abb. 103 ***Granatapfel aus Bronze, eine elegante Applikation von einem Möbelstück.***

Abb. 104 ***Kleine bronzene Lampe mit einer Öse in Form eines Entenkopfes für die Kette zum Aufhängen der Lampe.***

Abb. 105 ***Tonlampe mit einer Schiffsdarstellung: man erkennt den Schiffskörper auf Wellen, dann den großen Mast mit hochgebundenem Segel, die schräg herabhängenden Stricke, die nach hinten gehaltenen Ruder und sogar die Köpfe der Ruderer.***

Abb. 106 ***Zwei Tonlampen mit Ruß an ihren Schnauzen.***

Abb. 107 ***Verschiedene Amphorenfragmente liegen nach dem Waschen zum Trocknen in der Sonne.***

108

109

nach der Mitte des 1. Jhs. v. Chr., vielleicht in Rom. Es gibt römisches gegossenes und über einen Zylinder geblasenes Fensterglas, das zwar Blasen hat, aber viel durchsichtiger ist als das gegossene. Im 4 Jh. n. Chr. findet sich in den östlichen Provinzen das Butzenglas. Fensterglas war für die Thermen erfunden worden, revolutionierte dann die ganze römische Architektur, indem man nun mit großen Fenstern und Fensterreihen, d.h. größer und lichter, bauen konnte. Unsere *villa rustica* besaß keine ganz großen Fenster, das war nicht üblich, aber kleinere verglaste eben doch.

Vom ehemaligen Mobiliar hat sich in der *villa rustica* natürlich nichts erhalten – wir kennen römische Einrichtungen von den Vesuvstädten, wo sich das Holz von Türen, Schränken, Truhen, Tischen, Stühlen, Speisesofas, Betten und anderer Gegenstände erhalten konnte. Bei uns fanden sich einige kleine Teile der Möbel, die nicht aus vergänglichem Holz bestanden: Scharnierröhren, gesägt aus den Langknochen des Rindes (Abb. 102). Sie waren in der Antike mit einem Kern aus hartem Holz gefüllt, der an einem Ende einen Zapfen, am anderen ein Loch besaß; durch das seitliche Loch kam ein Stift. Sie wurden zu Bändern aufeinander gesteckt und die seitlichen Stifte abwechselnd in die feststehende Wand und die bewegliche Tür des Schrankes oder die Klappe des Kastens eingelassen. Die zart eingeritzten Ziffern waren wahrscheinlich für die Reihenfolge beim Aufbau wichtig. Unsere sechs Stücke, zusammen 35 cm lang, aber recht kompakt, so daß sie zu einem Schrank gehört haben können, ergeben nicht das ganze Scharnierband. Diese hellen Knochen-Scharnierstücke wurden auch alternierend mit dunklen Holzscharnieren verwendet; so entstand ein schöner Farbkontrast. Die Erfindung solcher

Abb. 108 ***Die kleine Amphore in der großen, so wie sie zusammen gefunden wurden.***

Abb. 109 ***Eine Auswahl an Amphorendeckeln.***

Abb. 110 ***Amphore mit klemmendem Deckel.***

Abb. 111 ***Eine kleine Schnellwaage (lat.: statera) aus Bronze, lag unter einem Ziegelschutthaufen. Alle Teile sind erhalten: der 16 cm lange Waagbalken, vier Haken, die geflochtenen Kettchen und das Bleigewicht in Form einer Eichel von etwa 327 g (ein römisches Pfund).***

«Klavierband-»Scharniere geht bis in die Bronzezeit zurück; sie tauchen in der Antike immer wieder auf, selten sogar in der Architektur. In Herculaneum wurden Scharniere schon 1861 gefunden, aber erst 1934 gelang die richtige Deutung. Seitdem werden Scharniere immer wieder gefunden.

Andere Möbelteile, die nicht aus Holz bestehen, sind bronzene Applikationen wie der Granatapfel (Abb. 103) oder kleine weibliche Masken oder Löwentatzen als Füße von Lampenständern, Hokkern oder ähnlicher kleiner Geräte. Beispielsweise gehören zu kleineren Kästchen bronzene Beschlagbleche, Griffe und Schlüssel.

Die Beleuchtung eines römischen Hauses war besonders wichtig, da es nicht die offene und luftige Bauweise mit großen Fenstern gab, wie wir sie heute schätzen. So waren Beleuchtungsarten und -geräte aller Art in Gebrauch, von der Kerze über die Fackel zur bronzenen Sturmlampe, aber die verbreiteste Art waren doch die bekannten Öllämpchen, deren Reste sich in Scharen in jeder römischen Ausgrabung finden. Da sie klein, dünnwandig und von eigener Form sind, hat man keine Mühe, auch die winzigste Scherbe als zu einer Öllampe gehörig zu erkennen. Aus der Menge der bescheidenen Tonlämpchen ragen in unserer Ausgrabung zwei seltene Exemplare hervor: eine kleine Lampe aus Bronze und eine große aus Ton, aber mit grüner Glasur überzogen, so daß sie als Imitation einer bronzenen Lampe angesprochen werden kann.

Die kleine, kugelige Bronzelampe lag in der Ecke des Badezimmers, als ob sie gerade von der Decke heruntergefallen wäre. Bis auf den Ring und das Kettchen, an dem sie hing, ist sie vollständig erhalten. Unser Lämpchen war sogar noch rußig und innen voller Reste vom Gebrauch (Abb. 104).

Normale kleine Tonlämpchen des 1. Jhs. n. Chr. haben oben auf der Fläche, dem sog. Spiegel, Reliefs mit den verschiedensten Darstellungen – man wird erinnert an unsere heutigen Illustrierten mit allen Neuigkeiten, Plattitüden, Erotika –, alles was gerne gesehen wird. So ist es kurzweilig, diese kleinen Lampenreliefs näher zu betrachten.

Auf einem bis auf die fehlende Schnauze erhaltenen Lämpchen ist ein Schiff dargestellt – ein nicht alltägliches Bild (Abb. 105). Ein anderes, sehr hübsches Spiegelrelief stellt den vor seinem Altar stehenden Jupiter mit Blitzbündel, Szepter und Adler dar. Später als die Relieflampen sind zwei einfache, dafür aber gut erhaltene Lämpchen, das eine zu unserer Freude noch kräftig verrußt an der Schnauze (Abb. 106).

Überall Amphoren

In jeder Grabungskampagne werden unzählige Amphorenfragmente gefunden, leider meist zerstreut und viele verschiedene Typen (Abb. 107). Man benutzte diese schweren, dickwandigen Scherben gern zum Pflastern von Höfen oder warf sie in Pfützen oder Schlamm, um den Boden zu festigen, wie eine ca. 1 m dicke Packung von Amphorenscherben in einem ehemaligen Wasserlauf zeigt, der für die Senkung von Mauern verantwortlich war. Mit der Einfüllung hoffte man, diese Wasserrinne trocken zu legen.

Eine geköpfte Amphore fanden wir als Kühlgefäß: eine kleinere Amphore stand darin, die vermutlich Wein enthalten hatte. Diesen mußte jeder Trinker mit einer in die große Amphore geworfenen Münze bezahlen, denn am Grund der großen Amphore fanden sich sechs Asse aus der Zeit des Kaisers Tiberius (Abb. 108). Eine andere Amphore, nur noch zum Teil erhalten, stand neben einem Ofen mit anderem Kochgeschirr, in dem sich als Essensrest ein Fischwirbel befand. Wir wissen, daß es üblich war, in geköpften Amphoren Fleisch zu garen. Die längs durchgeschnittene Hälfte einer Transportamphore wurde als wiegenähnlicher Sarg eines Kleinkindes gefunden. Besonders schön ist es, wenn zusammen liegende Gruppen von recht vollständigen Amphoren gefunden werden, von uns scherzhaft «Amphorennest» genannt, die 2000 Jahre lang im Acker in einer nur 60 cm starken, darüber liegenden Erdschicht überstanden haben.

Die großen Amphoren wurden zum Transport von flüssigen oder halbflüssigen Waren produziert, also nur als Ver-

110

111

packung, die nicht wieder zurückgebracht wurde, sondern nach Verbrauch des Inhalts sehr phantasievoll einer Zweitbenutzung zugeführt wurden. Diese etwa 1 m hohen Tongefäße haben zwei Henkel, damit man sie gut tragen kann. Wenn sie sehr schwer sind, was bei den großen Exemplaren in gefülltem Zustand durchaus der Fall war, dann wurden durch die Henkel Stricke geführt, die um eine große Stange geschlungen, auf den Schultern zweier Männer lag. Es lassen sich im großen und ganzen drei Hauptformen von solchen Transportamphoren unterscheiden:

Die Weinamphore ist schlank und hat eine auffallende Spitze, mit der sie in den Sand oder in ein Gestell gesetzt werden konnte. Sie faßt meist 25–30 l und hatte häufig eine Beschriftung mit Tinte auf dem Hals. So sagt Juvenal in seiner fünften Satire:

«Morgen wird er etwas von den Bergen Albas oder Setias trinken, dessen Herkunftsort und Bezeichnung das hohe Alter auslöschte durch den vielen Staub auf der betagten Amphore».

Die Amphore für Öl war in der mittleren Kaiserzeit ein kugelig rundes Gefäß mit runden Henkeln, auf denen häufig der Stempel des Produzenten oder dessen Verwalters auftaucht.

Schlanker und spitzer wiederum war die Amphore für den dritten großen Exportschlager: die Fischsauce (Garum), von der die beste Qualität aus Spanien stammte. Sie wurde bei den Römern an vielen Speisen verwendet; bei uns heute kann man sie nur noch in der Türkei und Ostasien probieren. Um Garum herzustellen, wurden eingesalzene Fische und ihre Reste in langwierigen Prozessen gedörrt, gekocht und dadurch einer Gärung unterzogen. Der abgegossene Saft, das Garum, war sehr scharf und hatte einen eigenen Geschmack; es wurde zum Würzen benutzt wie heute Maggi. In der römischen Republik galt es noch als Luxus, in der Kaiserzeit war es allgemein verbreitet.

Natürlich wurden in Amphoren noch andere Eßwaren verschickt wie Essig, Oliven, Bohnen, Feigen, Honig und eingelegte Früchte.

Als Etikett wurde den Amphoren entweder auf dem Rand, dem Hals oder der Schulter gestempelt oder einzelne Buchstaben von geübter Hand in den noch feuchten Ton eingeschnitten, oder sie wurden mit Tinte beschriftet. Wir haben alle drei Arten, also mit Tinte beschriftete, gestempelte und mit geritzten Buchstaben bezeichnete, in unserer Anlage gefunden. Es sind Namen und Herkunftsangaben in abgekürzter Form, von denen einige gut lesbar und aus anderen Fundorten schon bekannt sind, andere jedoch noch nicht. Anhand dieser Namen und Stempel läßt sich die Herkunft, Zeit der Herstellung und Versendung bestimmen. Die meisten unserer Stempel und Inschriften stammen von Amphoren aus dem Zeitraum zwi-

112

113

114

***Abb. 112** Verschiedene Gewichte aus Blei: halbe ausgegossene Muscheln, verschiedene Knopfformen, Gewichte in Form eines Webgewichtes.*

***Abb. 113** Fragment der Bronze-Statuette eines Jupiter mit erhobenem Arm und Mantel, der in Zickzackfalten vorn und hinten herabfällt.*

***Abb. 114** Statuette eines Mars mit Helm, Panzer und Beinschienen, Lanze und Schild fehlen.*

***Abb. 115** Kleine Keramikauswahl verschiedener Farben und Formen aus der «villa rustica».*

115

schen etwa 50 v. Chr. und 100 n. Chr., die in Norditalien, Istrien und im Picenum (an der Adria südlich von Ancona) produziert wurden und deren Form sich unten beutelartig verbreitert. Auf unseren Amphoren standen die Namen L. TARI RUFI, EBIDIEN, THB und SAFINIAE PICE.

Die Amphoren wurden mit Deckeln verschlossen, die in den Hals eingesetzt und mit Wachs abgedichtet wurden, um den flüssigen Inhalt sicher zu transportieren, denn Amphoren wurden etwa in Schiffen auch liegend gestapelt, wie unsere Weinflaschen heute. Es gab vermutlich auch Pfropfen aus Holz oder Kork, die nicht erhalten sind. Was aber in Mengen bei jeder unserer Grabungskampagnen gefunden wurde, waren die Deckel aus Ton. Davon gibt es drei Arten, die zu gleichen Teilen auftauchen: die auf der Töpferscheibe hergestellten Deckel, die aus der Matrize gepressten Deckel und die *ad hoc* aus einer Scherbe zurechtgeschlagenen Deckel (Abb. 109).

Gelegentlich fanden wir abgeschlagene Amphorenhälse, bei denen der Deckel noch fest im Hals steckte und ahnten schon, was später bei einem vollständigeren Fund zur Gewißheit wurde. Eine Amphore mit Deckel hatte ein absichtlich geschlagenes Loch im Bauch. Der Deckel hatte geklemmt, und man wußte sich nicht anders zu helfen, als in die liegende Amphore ein Loch zu schlagen, um den Inhalt herauszuholen (Abb. 110).

Nützliches und Anderes

Ein interessanter Fund, der wohl kaum zur Bereitung der Speisen gehört, eher zu den Kosmetika oder dem Besteck eines Arztes oder Apothekers, ist eine kleine Schnellwaage aus Bronze (lat.: statera) (Abb. 111). Sie gehört zu dem Typus, bei dem die Ware in der einzigen Waagschale liegt oder direkt an Haken angehängt wird, während ein stets gleiches Gewicht am Waagbalken entlang geschoben wird, bis der Waagbalken ungefähr horizontal ausgerichtet ist. Auf dem Waagbalken zeigt eine Kerbe an, wie schwer die Ware sei. Wir kennen diese Art von Waagen noch von Marktständen; früher wurden Kartoffeln oder Kohlen mit solchen Waagen, bei denen es nicht genau aufs Gramm ankommt, gewogen. Doch unser winziges Gerät war für feinere Zwecke bestimmt.

Ihr Gewicht in Form einer Eichel wiegt ein römisches Pfund (327 g). Am rautenförmigen Waagbalken unserer Waage war nur eine Skala zum Bestimmen des Gewichtes der Ware deutlich erkennbar. Aus Pompeji aber sind Waagen dieses Typus bekannt, bei denen zwei, drei oder gar vier verschiedene Skalen benutzt werden konnten, wobei auch der Haken zum Aufhängen der Waage gewechselt werden mußte. Das Prinzip dieser Waagen beruht auf der physikalischen Erkenntnis, die wir heute ausdrücken mit «Kraft mal Kraftarm gleich Last mal Lastarm». «Kraft» ist in unserem Beispiel das stets gleiche eichelförmige Gewicht, das sich vom Aufhängungspunkt der Waage entfernen kann, wodurch sich der «Kraftarm», also die Entfernung vom Aufhängungspunkt vergrößern oder verkleinern kann; auf der anderen Seite hängt in stets gleichem Abstand vom Aufhängungspunkt («Lastarm») die Ware als Last, die mal schwerer, mal leichter ist. Die Kräfte von Kraft und Last müssen also gleich sein, wenn der Waagbalken in die Horizontale einschwenken kann. Unsere Schnellwaage kann maximal das Zehnfache des Gewichts, also 3,27 kg messen. Es könnte eine Küchenwaage gewesen sein, vielleicht aber auch ein Gerät in der Hand eines Apothekers oder eines Arztes.

Die kleine Schnellwaage war die einzige Waage, die wir fanden, hingegen gab es bei jeder Kampagne reichlich Gewichte

116

117

von Waagen mit einer oder zwei Waagschalen. Sie unterscheiden sich in Größe und Form sowie den Materialien Bronze, Blei, Eisen und Stein. Zum Teil hatten sie Bronze- oder Eisenschlaufen zum Aufhängen. Die kleinsten Gewichte wiegen nur 10 g; dann gibt es zahlreiche Gewichte, die ein römisches Pfund oder Teile davon wiegen. Die Steingewichte, die meist beschädigt sind, haben ein Sollgewicht von 16,3 kg, was 50 römischen Pfund entspricht. Die Formen richten sich nach der Größe der Waage und nach ihrem Typus: sind es Gewichte für Waagen mit zwei Waagschalen, so haben sie keine Aufhängung nötig (außer den schweren Steingewichten, die eine Eisenschlaufe zum Anheben benötigen), oder es sind Gewichte für Schnellwaagen, dann haben sie eine Schlaufe oder ein Loch zum Aufhängen. Von den kleinen Gewichten für die Waagschale gibt es ganz einfache Bleiformen, also kleine oder größere Zylinder, Knopfformen, besonders hübsch sind die Gewichte in Muschelform, d. h. eine Muschelhälfte, wie sie in der Natur vorkommt, wurde mit Blei ausgegossen; das ergibt Gewichte von 60–90 g (Abb. 112). Die Eichung geschah durch Abkratzen oder Zugießen.

Die kugel- oder zylinderförmigen, schweren Steingewichte waren natürlich für stationäre Waagen bestimmt. Es fällt auf, daß sich die römischen Gewichte oberhalb des römischen Pfundes in Intervallen von 5, 10, 20 und 50 Pfund befinden, also in einer Unterteilung, die wir dem Dezimalsystem zuordnen. Unterhalb des Pfundes aber herrscht eine andere Ordnung: Ein Pfund wird in 12 Unzen (*unciae*) unterteilt, wobei eine Unze 27,3 g wiegt. Die 12-Teilung (Duodezimal) wird nicht in den größeren Einheiten fortgesetzt. Dieselbe Unterscheidung treffen wir bei den Längenmaßen an. Hier ist der Angelpunkt die Größe des römischen Fußes von rund 29,4 cm. Er wird zwar in 16 *daktyloi* von rund 1,8 cm oder in 12 *unciae* von rund 2,4 cm unterteilt, die größeren Strecken aber werden im Dezimalsystem mit 100 Fuß (29,4 m) oder 500 Fuß (147 m) angegeben.

Die antiken Bauern der Padana waren zwar wohlhabend,verfügten jedoch in ihrer Ausstattung nicht über den Luxus der Städter mit Statuetten oder Porträts, wie es sich bei den Ausgrabungen durch das Fehlen solcher Objekte auch zeigte. Alles, was verziert und geschmückt war, hatte bei ihnen auch praktischen Nutzen, wie etwa Kopfattaschéen an Henkeln von Bronzegeschirr oder Möbeln. Allerdings fanden heutige Bauern in der Umgebung der Villa ein paar Statuettenfragmente aus Bronze, Funde, die wir uns gut in unserem Gutshaus vorstellen möchten. Es sind zwar sehr kleine Stücke und in ihrer Fragmenthaftigkeit noch kleiner, aber sie sind von bestem römischen Kunsthandwerk, wie es in vielen Museen zu bewundern ist. Am besten erhalten ist ein Fragment von 5,7 cm Höhe eines stehenden Mannes mit erhobenem Arm und Mantel (Abb. 113). Vom sonst nackten, aber nicht erhaltenen Körper sind Mantel und Arm gesondert gegossen, weil sie so kleinteilig sind. Sie sind dann an den Körper angesetzt worden. Typisch für die mehrfach belegten Jupiter-Statuette sind der Szepter im linken erhobenen Arm und die Blitzbündel im gesenkten Arm. Von diesen Statuetten gab es zwei Typen: ein größerer, qualitätvollerer mit silbern eingelegten Augen, Brustwarzen und Mund, und der einfachere, kleinere Typus von nur etwa 8 cm Höhe. Zu diesem zweiten Typus gehört unser Fragment, hinzu kommt, daß es kein besonders guter Guß ist, denn die Formen sind verschliffen. Hinter all diesen Jupiter-Statuetten steht wahrscheinlich ein klassizistisches, mindestens lebensgroßes römisches Vorbild, das seinerseits durch eine griechische Zeus-Statue von Phidias oder Myron den Römern bekannt war. Eine andere, noch nicht restaurierte Statuette stellt den römischen Kriegsgott Mars dar, der in der Rechten eine Lanze, links einen Schild hielt (Abb. 114).

Tafelgeschirr vielerlei Art

Das Tischgeschirr der Großbauern in der Padana der frühen Kaiserzeit war vielfarbig und vielgestaltig (Abb. 115). Am vornehmsten war hier das Bronzegeschirr, welches in dunklem Goldton prangte und dessen Griffe mit aufgesetzten kleinen Masken oder Tierköpfen verziert war. Es ersetzte das in der Lyrik immer wieder erwähnte Silber- und Goldgeschirr, das natürlich nur die Reichen ihr Eigentum nennen konnten. Es ging bei den Großbauern bescheidener und praktischer zu,

***Abb. 116** Feines römisches Glas verschiedener Formen und Farben.*

***Abb. 117** Kleiner bronzener Widderkopf, wahrscheinlich von einem Pfannengriff. Er ist so treffend charakterisiert, daß er auch in verkrustetem Zustand gut zu erkennen ist.*

***Abb. 118** Teil eines Hochreliefglases; von den ursprünglich vier Reihen von Ovalen sind nur die beiden unteren Reihen erhalten. Das Glas war ursprünglich also viel schlanker und eleganter.*

***Abb. 119** Fragmente von verschiedenen Rippenschalen aus grünblauem Glas.*

***Abb. 120** Kleines Fragment einer Streifenmosaikschale, das in allen leuchtenden Farben brilliert.*

so wie Horaz in seiner Satire 1,3 treffend bemerkt:

«Wenn dir die Kehle verdorrt vor Durst, verlangst du dann etwa Becher von Gold?»

Nicht weniger vornehm war Geschirr aus Glas: große meergrüne Karaffen, blaugrüne Fruchtschalen mit griffiger Rippenverzierung, glasklare feine Teller und Schälchen und als besonderer Blickfang die kostbaren Schälchen aus Buntglas, gestreift oder marmoriert in leuchtenden Farben (Abb. 116).

Zur goldenen Bronze und dem zarten Glas kam die abwechslungsreiche und farbenfrohe Keramik dazu: Tonsorten, Farben, Formen, Feinheit oder Rustikalität harmonierten aufs beste miteinander. Es stachen besonders die korallenroten Teller, Schalen und Schüsselchen von eleganter Form hervor, die mit den Stempeln der Hersteller sichtbar auf dem Boden gezeichnet waren; den Kontrast dazu bildeten tiefschwarz überzogene große und schwere Teller, hergestellt aus gelblichem, rötlichem oder grauem Ton, die gelegentlich mit kleinen Ornamentstempeln geziert waren. Als Trinkgefäße fanden sich dann wieder rostrote, immer mit eleganten und interessanten Reliefs geschmückte, zweihenklige große Becher, die zwischen einem halben und einem ganzen Liter Wein faßten. Für den bescheidenen Trinker gab es die kleinen und porzellandünnen, aber ebenso hart gebrannten grauen Schälchen mit stilisierten Ornamenten auf der Außenseite. Noch fragiler, gleichsam papierdünn, waren kleine, hohe Becherchen aus gelborange bis sandfarbenem Ton, deren Außenseite von oben bis unten mit allerfeinsten Ornamenten überzogen waren. Nicht zu vergessen die seltenen grün und gelb glasierten Tonbecher mit Reliefs, die sowohl Bronze- als auch Glasgeschirr nachahmten.

Der Fund eines bronzenen Tafelgefäßes, vollständig oder annähernd vollständig, ist in einer Siedlungsgrabung eine große Besonderheit, denn Bronze war zu kostbar, um sie einfach wie Keramik wegzuwerfen. Und wenn schon etwas verloren ging, dann ist der gehämmerte Gefäßkörper zu dünn, als daß er sich gut erhielte. Aber die gegossenen Teile, die am Körper angesetzt waren, sind einzeln gefunden worden, so der schwere hohle Griff einer Pfanne. An dem verlorenen Ende könnte ein extra gegossener Tierkopf gesessen haben, der so ausgesehen haben könnte wie der Widderkopf, der einen runden Ansatz zum Anlöten an einen Tubus besitzt (Abb. 117). Griffendungen in Form von Tierköpfen und besonders von Widderköpfen sind belegt.

Einer der schönsten Glasfunde ist ein Becher aus farblosem Glas (Abb. 118). Alle diese Krüge, Becher, Tassen haben auf ihrer Außenseite ein relativ hohes Relief von einzelnen geometrischen oder

118

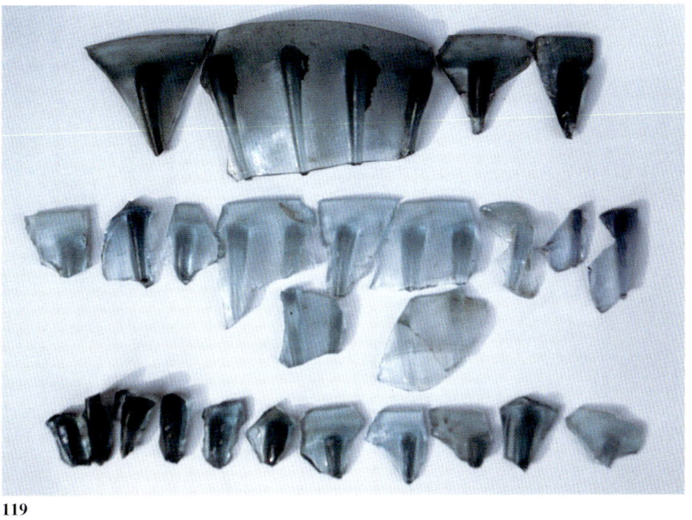

119

120

121

122

vegetabilen Formen. Sie wurden bisher Hochschliffgläser genannt und technisch in die Nähe der kostbaren Diatretgläser gesetzt, deren feines Netzmuster, das die Außenseite überzieht, als aus der vollen Glasmasse herausgeschliffen galt. Neue Forschungen legen aber überzeugend dar, daß sowohl die Diatretgläser als auch die Hochschliffgläser ähnlich wie Reliefkeramik aus einer Form, in der sich die Dekoration im Negativ befand, gedrückt wurde und Schliff dann nur in geringem Umfang zur Vollendung der Gefäße benutzt wurde. Man sollte sie also besser Hochreliefgläser nennen.

Die gläsernen Rippenschalen, teils aus farbigem und marmoriertem, teils aus blaugrünem durchscheinenden Glas, werden bei allen römischen Ausgrabungen gefunden. Der Typus ist – in Nachahmung von Edelsteinschalen – im syro-palästinensischen Raum gegen 150 v. Chr. entstanden, erscheint dann im 1. Jh. v. Chr. an verschiedenen Fundorten im Osten, und noch vor der Zeitenwende beginnt die Produktion der polychromen Schalen in Italien, wo sie bald populär werden. Die monochromen Rippenschalen gibt es etwas später (seit tiberisch-claudischer Zeit), sie finden aber schon in flavischer Zeit ihr Ende, denn späte, nachlässig gearbeitete Exemplare wurden in Pompeji gefunden, müssen also kurz vor 79 n. Chr. hergestellt worden sein. Die althergebrachte Vorstellung zur Herstellung der groben Rippenschalen durch Ausformen in einer Matrize und anschließendem Schliff des oberen Randes wurde durch neuere Versuche verworfen. Vielmehr sei ein noch weicher Glaskuchen über einer Halbkugel auf der Töpferscheibe geformt und die Rippen durch gleichmäßiges Schlagen mit einem nassen Holz erzeugt worden, während der glatte obere Rand mit dem Holzstab gedrückt wurde.

In der Villa von Chiunsano wurden Fragmente von blaugrünen durchscheinenden Rippenschalen verschiedener Größe in reichlicher Menge gefunden, von denen die größeren Teile erlauben, den immerhin erstaunlichen Durchmesser von 24 cm zu messen (Abb. 119). Auch von dem kostbareren polychromen Glas wurden Fragmente gefunden; diese sind meist sehr klein wie auch die bunten Schalen im allgemeinen kleiner als die durch-

***Abb. 121** Große Platte aus roter Sigillata mit dem Stempel PELOPS. Das Stück hatte den enormen Durchmesser von 28 cm, was man an dem kleinen Stück des erhaltenen Randes abmessen kann.*

***Abb. 122** Böden von Terra-Sigillata-Näpfen mit Namensstempeln.*

***Abb. 123** Weinkrug in Form einer Amphora aus orangeroter Terra sigillata. Sie hat gute Proportionen: ihr Durchmesser von 19,5 cm entspricht genau ihrer Höhe.*

***Abb. 124** Eine sehr zarte, tongrundige Olpe aus Chiunsano, hier im Hof des Museo dei Grandi Fiumi in Rovigo photographiert. Sie ist nur zur Hälfte mit Glanzton überzogen, um die Farbkontraste auszuspielen.*

scheinenden waren (Abb. 120). Mosaikglas wurde so hergestellt, daß farbige Glasstücke aneinander gelegt und zusammen geschmolzen wurden. Diese um die Zeitenwende zu datierenden Buntglasschalen sind wohl auch in der Po-Ebene fabriziert worden, da sich viele davon in den Museen von Adria und Aquileia befinden.

Als Beispiel für die in römischen Grabungen allgegenwärtige Tischkeramik (Terra Sigillata) soll ein besonders großer flacher Teller, eine Vorlegeplatte, mit dem sehr gut lesbaren Stempel des Töpfers PELOPS stehen (Abb. 121). Die rechteckige Fabrikmarke spricht für eine frühe augusteische Zeit wie auch die Form des Randes und der fehlerlose hellrote Glanzton (früher Firnis genannt). Das rote Geschirr mit Töpfernamen zu bezeichnen kam ab 15/10 v. Chr. auf, zuerst in rechteckigem Umriß, ab ca. 15 n. Chr. dann in einen kleinen Fuß eingeschrieben, was *in planta pedis*, also «im Abdruck des Fusses» genannt wird (Abb. 122). So wird durch die gestempelten Marken eine bestimmte Qualität der Töpferware garantiert, wie auch für Standardformen der Gebrauch von Schablonen vorausgesetzt werden muß.

Es gibt unglaublich viele Namensstempel auf der unverzierten roten Keramik Norditaliens, allein im Zentrum der Terra-Sigillata-Herstellung in Arezzo sind bei der roten Sigillata mehr als 2600 Stempel bekannt. Durch die Form der Namen kennt man darunter sogar einige Manufakturen, die mehr als 20 Freigelassene oder Sklaven beschäftigten; normalerweise waren es aber weniger. Die Namen sind meist römische, es gibt aber auch griechische wie den oben genannten PELOPS. Ob er, da er nur einen Namen nennt statt wie üblich zwei oder drei, ein Sklave oder Freigelassener war, ist nicht auszumachen.

Selten sind in der Padana kleine Amphoren aus roter Sigillata, von denen wir eine fast vollständige mit ihren charakteristischen Rundstabhenkeln gefunden haben (Abb. 123).

Es gibt nur wenige Sorten padanischer Feinkeramik, die den zur Herstellung benutzten feingeschlämmten Ton sprechen lassen, wie eine Olpe, eine Flaschenform ohne Henkel (Abb. 124). Die Eleganz unserer Olpe erinnert an Glasflaschen.

Die Keramik aus dem gelben bis orangefarbigen Ton mit einem Überzug aus schwarzem Glanzton war die gebräuchlichste Tischware in der späten römischen Republik in Oberitalien. Diese Glanztonkeramik, die aus Griechenland, Süditalien und Etrurien wohlbekannt ist, wurde zunächst in Norditalien eingeführt

123

124

125

126

und dann auch dort produziert. So wurden in Faenza, Cremona, Rimini, Spina und an weiteren Orten Werkstätten lokalisiert, teils durch den Fund entsprechender Brennöfen. In der *villa rustica* von Chiunsano findet sie sich in relativ großen Mengen, was für eine frühe Gründung und Blüte in der 2. Hälfte des 1. Jhs. v. Chr. und im frühen 1. Jh. n. Chr. spricht.

Ein anderer, auch früh zu datierender Napf soll hier seiner kuriosen Inschrift wegen abgebildet werden, hinterlistig hat jemand auf den Bauch der Schale kopfstehend eingeritzt: Turpio – dem Liederlichen (Abb. 125).

Reliefs auf Vasen hatten im frühen Hellenismus die Malerei auf Vasen abgelöst. Reliefs waren also damals die einzige Art, das Keramikgeschirr zu schmücken. Vorläufer der Reliefkeramik sind griechisch-hellenistische Sorten wie z. B. die megarischen Becher, deren flaches Relief aus einer halbkugeligen Matrize gewonnen wurde. Bei den Römern ist es dann die aretinische Keramik, also die in Arezzo hergestellte, aus der sich die padanische Sigillata mit Relief und die reliefierte Glasurkeramik ableitet. An oberster Stelle unter den Vorbildern stehen aber die mit herrlichen Reliefs geschmückten silbernen Trinkschalen und Becher, die nicht nur in der Poesie häufig erwähnt werden, sondern auch in prachtvollen Exemplaren wie etwa beim Hildesheimer Silberschatz (heute im Antikenmuseum in Berlin zu bewundern) erhalten sind. In der bukolischen Dichtung wird noch eine weitere Quelle sichtbar, nämlich der aus Buchenholz geschnitzte Becher als Siegespreis. So sagt Vergil in der 3. Ekloge:

«Buchenholz ist's, Alkimedons selbst, des göttlichen, Schnitzwerk.
Fein mit dem Stichel herausgeformt, umschlingt eine Rebe
Rankend die Dolden, die rings erblühn aus mattgrünem Efeu …
Mir auch schnitzte derselbe Alkimedon zwei solche Becher,
Rings umschlang er die Henkel mit zartem Akanthusgewinde,
Orpheus setzte er mitten hinein im Reigen der Wälder.»

Besonders auffallende Reliefkeramik für die Tafel liegt in den sog. «Sariusschalen» vor, von denen Fragmente von etwa 60 Schalen in unserer Villa gefunden wurden. Die deutsche Bezeichnung «Sariusschalen» wird auch heute noch von den italienischen Archäologen benutzt: sie wurde bereits 1942 in der ersten Nummer der österreichischen Zeitschrift Carinthia (Kärnten) geprägt. Benannt nach der häufigsten Signatur SARIVS, treten neben diesem Namen auch andere Töpfernamen wie Surus oder Clemens. Diese Schalen – eigentlich müßte man sie hohe Becher vom Typus der Sariusschalen nennen – sind einmalig in ihrer Form und daher im Fundgut auch als kleiner Scherben sofort zu erkennen. Sie bestehen aus zwei übereinander getöpferten Schalen, einer oberen glatten und einer unteren reliefierten, mit einem flachen Ringfuß und zwei breiten senkrechten Henkeln (Abb. 126). Technisch sind diese Schalen so hergestellt, daß der untere Teil in eine durch einzelne Stempel gestaltete Matrize gedrückt wurde, dann wurde der obere glatte Teil auf der Scheibe angedreht, danach die Henkel angetöpfert und der vorbereitete

***Abb. 125** Kleine schwarze Schale mit der später und kopfstehend eingeritzten Inschrift: TVRPIO.*

***Abb. 126** Restaurierte Sariusschale, bei der aber die beiden Henkel fehlen, die vom oberen glatten Teil senkrecht auf den unteren reliefierten Teil führten.*

***Abb. 127** Eine Seite der Sariusschale mit einer Theatermaske zwischen Blättern.*

***Abb. 128** Eine Auswahl von Scherben der feinwandigen grauen Keramik.*

***Abb. 129** Zwei halbe Becher vom Typus Aco. Scherben von diesen porzellanfeinen Bechern werden oft gefunden, aber nur selten solche besser erhaltenen Fragmente.*

Ringfuß angesetzt. Ist das Gefäß im Ton fertig, so wird es in eine Glanztonbrühe getaucht, die nach dem Brand alle Tönungen von hellorange bis braun aufweisen kann. Besonders sorgfältig ist der Farbauftrag im Inneren und am oberen Gefäßteil. Diese Sariusschalen können einen halben bis einen ganzen Liter Flüssigkeit fassen; durch ihre Größe sind sie auch Blickfang auf einem Tisch. Die Reliefverzierung ist einerseits äußerst phantasievoll und unterschiedlich, andererseits sind immer dieselben Motive wie Blätter, Rosetten, Schnüre, Blattbündel, Masken benutzt, allerdings aus verschiedenen Stempeln und in unterschiedlicher Zusammensetzung, so daß wohl kaum ein Prototyp von Schalen einem anderen geglichen haben mag. Die Feinheit der Ausführung mancher Motive entzückt unser Auge heute (Abb. 127), wenn sie auch nicht ganz so klassisch in der Ausführung sind wie ihre Zeitgenossen in der aretinischen Reliefkeramik.

Die Fabrikationsorte der Sariusschalen sind noch nicht genau zu benennen, wenn auch sicher ist, daß sie in der östlichen Padana gelegen haben müssen. In Adria gibt es viele Schalen, aber bisher noch keine Matrizen oder Fehlbrände, vermutlich wurde in mehreren Orten produziert (wir kennen bisher immerhin ca. 25 verschiedene Signaturen auf dem Reliefteil), die nicht unbedingt in den großen Städten gelegen haben müssen. Die Verbreitung der Sariusschalen zeigt ihre große Beliebtheit: sie finden sich im ganzen padanischen Italien bis hin nach Etrurien, sogar in Rom, Apulien und Malta gibt es einzelne Exemplare, und im Norden finden sich Sariusschalen in Magdalensberg in Kärnten.

Als Gegensatz zu den großen und schweren roten Weinschalen gab es auf dem Tisch der padanischen Römer im 1. Jh. n. Chr. noch eine sehr reizvolle Geschirrsorte: kleine, dünnwandige Schalen aus grauem Ton (Abb. 128). Sie erinnern in Form und Qualität an unsere Porzellantassen und -teller, sehen aber anders aus: sie variieren von ganz hellem bis zu dunkelgrauem Ton, sind klirrend hart gebrannt und selten auch mit schwarzem Glanzton überzogen. Die geschlossenen Formen, unseren Tassen ähnlich, aber meist ohne Henkel, besitzen im oberen Teil des Bauches eine rein ornamentale Dekoration, die sich auf wenige Muster beschränkt und entweder mit dem Modellierstab auf der laufenden Töpferscheibe eingeritzt ist, so Reihen von kleinen Strichen (*rotellatura*), oder mit Tonschlicker aufgespritzt ist (*barbotine*). Die flachen, untertassenartigen Formen haben keine Dekoration, sondern wirken durch ihre

127

128

129

130

131

132

ecken, die als «Komma-Regen» bezeichnet werden (Abb. 129).

Zur gedeckten Tafel gehört bei kultivierten Menschen, wie die Römer es ja waren, auch das Besteck, doch davon kannten die Römer eigentlich nur den Löffel – und die Finger. Die Eßgabel, obwohl es schon kleine Vorlegegabeln mit zwei oder drei Zinken gab, setzte sich erst seit dem 15. Jh. allmählich durch. Auch das Messer wurde beim Essen wahrscheinlich nicht gebraucht, sondern nur in der Küche beim Kochen und Braten, im Speisezimmer aber zum Aufschneiden. Der Römer lag normalerweise zu Tisch und zwar auf dem Speisesofa. Da er sich mit dem linken Ellenbogen aufstützen mußte, blieb nur die rechte Hand zum Essen frei – er konnte demnach nur ein Besteckteil handhaben. Ein Sklave

hellgraue, sandig-rauhe Oberfläche. Als Herstellungszentren dieser Keramik werden die Städte Aquileia, Adria und Ravenna genannt.

Wein wurde im antiken Italien wie auch in Griechenland meist aus weiten Schalen getrunken. Doch in Norditalien kamen in den letzten Jahrzehnten vor der Zeitenwende hohe feine, sehr raffiniert dekorierte Becher auf, wohl unter dem dort noch immer herrschenden keltischen Einfluß. Sie werden ACO-Becher genannt nach der bekanntesten Herstellermarke; die Firma beschäftigte zahlreiche Mitarbeiter, oft Sklaven, die später freigelassen wurden, und besaß einige Filialen. Bis jetzt sind etwa 40 verschiedene Signaturen auf solchen Bechern bekannt, teilweise sind es dieselben, die auch reliefierte Terra Sigillata signiert haben, weshalb es auch gelegentlich solche Becher mit rotem Glanztonüberzug gibt. Aco, dieser norditalisch-keltische Töpfer, hat die Becher erstmalig hergestellt. Der Sitz dieser und ähnlicher Töpfereien ist noch nicht vollständig geklärt, aber es wurden Matrizen in Cremona, Ravenna, Faenza und Adria gefunden, also in der ganzen östlichen Padana. Die Becher waren sehr beliebt, denn sie wurden auch zahlreich in Gallien gefunden.

Die kleinen Becher sind aus feingeschlämmtem gelborangenem Ton gefertigt, der es erlaubt, das unglaublich feine Muster, mit der die Matrize ausgestaltet war, auch abzubilden. Die frühen Stücke tragen ein die ganze Wandung überziehendes Muster aus winzigen spitzen Drei-

Abb. 130 ***Zwei bereits in der Antike so ineinander gestellte Unterteile von Küchenkeramik. Die Gefäße sind dickwandig und porös, ihr grauer Ton ist mit weißen Steinchen durchsetzt (gemagert), was dem Kochen zugute kommt.***

Abb. 131 ***Ein Vorratstopf mit Rand für den Deckel.***

Abb. 132 ***Das könnte der Teil einer Brotbackschüssel sein, die über den Teig gestülpt und mit glühenden Kohlen bedeckt wurde.***

Abb. 133 ***Verschiedene Webgewichte mit und ohne Relief auf der Vorderseite. Es sind massive Tonpyramiden von 400–1000 g Gewicht, die auf der Schmalseite oben eine Durchbohrung haben.***

legte Fleisch und Fisch in mundgerechten Stücken vor, was eine Kunst war und dementsprechend zelebriert wurde. Für flüssige Speisen gab es größere Löffel mit einer Schlaufe als Griff und für Süßspeisen, Muscheln und Eier kleine Löffel mit einem spitz endenden Griff, um Schnecken aus dem Gehäuse zu holen oder Stücke aufzuspießen.

Von Küche und Keller

Vom Tisch nun zu den Speisen und Getränken und zu ihrer Bereitung, in welchem Bereich die Römer bekannterweise Meister waren. Zum Trinken gab es hauptsächlich Wein und Wasser, aber auch Schafs- und Ziegenmilch sowie säuerliches Bier. Der römische Wein war nicht so leicht und dünnflüssig wie unser heutiger, sondern in vielen Arten gemischt und gewürzt, so daß man ihn sich ähnlich wie Glühwein vorstellen kann. Wein wurde gewürzt mit Rosenblattessenz, Veilchen, gemahlenem Pfeffer, Safran, Datteln, Wermut, Honig – es gab unzählige Rezepte, bei denen der Wein z. B. auch zweimal gekocht werden mußte. Da der römische Wein viel Hefe und daher Satz hatte, mußte er vor dem Trinken gefiltert werden, was sich auch wegen der Fliegen empfahl. Wein wurde übrigens sowohl kalt als auch warm genossen und selten pur getrunken, sondern meist mit drei Teilen Wasser gemischt, was in großen Mischkrügen geschah. Zum Genuß solchen römischen Weines benötigte man also Siebe aus Bronze, die immer wieder gefunden werden.

Küchen in römischen Häusern auszugraben, gelingt selten und kommt nur in besonders gut konservierten Villen vor wie etwa der in Ahrweiler in Rheinland-Pfalz, wo sich zwei Herde und ein Backofen aus Ziegeln wiederfanden. Sonst kochten die Römer meist auf ebenerdigen Feuerstellen und zwar auf einer Lehmpackung oder auf einem niedrigen Sockel aus Ziegeln – so einen «Kochherd» fand sich auch bei uns in Ficarolo: er war noch umstellt von Kochtöpfen und zum Kochen benutzten Amphoren in Zweitverwendung (vgl. Abb. 98). Die Töpfe standen im Feuer bzw. auf niedrigen Dreifüßen, daher wurden sie außen rußig, was uns bei der Auffindung immer wieder entzückte. Es wurden viele Fragmente von Kochtöpfen und Küchengeschirr gefunden, aber längst nicht so viele wie vom Eßgeschirr. Der Scherben des Küchengeschirrs ist niedriger gebrannt, also sehr viel weicher und zerbrechlicher. Durch die Lagerung in der Erde ist der Scherben so durchnäßt, daß er in der Hand zerfällt. Fleisch, Gemüse und den allgegenwärtigen Brei (*puls*), der aus gemahlenem Dinkelmehl, Wasser, Salz und verschiedenen Zutaten bestand, kochte man in nach oben sich verjüngenden Gefäßen oder auch in dickwandigen porösen Schüsseln (Abb. 130).

In der späteren Römerzeit gelangte noch eine anderes Material zum Kochen von den Alpentälern in die Ebene: der gedrechselte Steinkochtopf. Wir wissen genau, wie er hergestellt wurde, nämlich mit Hilfe von Wasserkraft gedrechselt, denn diese hohlen, geradwandigen Töpfe aus dem feuerfesten Lavezstein (ital.: *pietra ollare*) wurden unverändert bis ins 19. Jh. hinein in der Schweiz fabriziert, wir kennen sie heute auch wieder. Diese Steintöpfe waren kleiner als die Tontöpfe und an der Außenseite durch feine Rillen verziert. Trotz ihres festen Materials gelang es nicht, einen heilen oder wenigstens annähernd gut erhaltenen Topf aus dem Boden zu ziehen; daran sieht man, wie stark menschliche Zerstörungen in dem römischen Gutshof gewütet haben, denn von Po-Überschwemmungen geht kein Steintopf kaputt. Andererseits muß man damit rechnen, daß alles noch brauchbare Material nach Aufgabe der Villa eingesammelt und zu neuen Siedlungsplätzen transportiert wurde; das betrifft sogar die Mauerziegel aus den untersten Fundamentschichten! Steintöpfe aber waren, wie schon gesagt, auch später noch geschätzt und begehrt.

Ein relativ häufiger Fund sind Reibeschüsseln und davon meist die Böden, weil sie massiv und fest sind. Es mußten damals viele Dinge in der Küche gerieben werden, die wir heute fertig präpariert in der Tüte kaufen können, z. B. Salz oder harter Käse. Die Reibeschüsseln sind aus grauem oder rotem Ton hergestellt und haben den Boden mit spitzen harten Steinchen besetzt, die vor dem Brennen eingedrückt wurden.

Neben Tafelgeschirr, Kochtöpfen, Transportamphoren bildet bei jeder Ausgrabungskampagne die Menge verschiedenartigen Haushaltsgeschirrs einen erheblichen Anteil. Dies sind grobe und feine Kannen und Krüge, Töpfe mit Deckeln von einer mehr offenen oder mehr geschlossenen Form, Schüsseln, Teller,

133

134

135

***Abb. 134** Gemme aus Nicolo mit Symbolen des delphischen Apollon wie Dreifuß mit Rabe, Köcher und Füllhorn; rechts das Original, links der Abdruck.*

***Abb. 135** Anhänger in Form einer Lunula (Mond). Er ist nur 2,5 cm hoch, aus Bronze und in den Kästchen mit verschiedenen Emaillefarben gefüllt: abwechselnd grün und gelb.*

***Abb. 136** Nadeln aus Bein für verschiedene Zwecke, oben große Haarnadel mit Ring.*

***Abb. 137** Haarnadel mit einer weiblichen Büste als Nadelkopf: sie hat einen Mittelscheitel und einen im Nacken hängenden Knoten. Das ist die Nodus-Frisur der Kaiserin Livia, der Gemahlin des Kaisers Augustus.*

Schalen, Näpfe, Becher – alles, was man zur Bereitung und Aufbewahrung von Nahrungsmitteln braucht. Eines haben sie alle gemeinsam: sie sind aus hellem Ton (im Gegensatz zu den meisten Kochtöpfen) und haben keinen Überzug aus Glanztonschlicker, denn sie sollen porös sein, damit die geringe, durch die Wandung tretende Feuchtigkeit als Verdunstungskälte den Inhalt kühlte. Das Haltbarmachen, also Einlegen, Einsalzen, Einzuckern, Einkochen usw. von Nahrungsmitteln hat in der Antike und den späteren Zeiten bis zur Erfindung von Kühlschränken sicher die größte Rolle beim Wirtschaften gespielt, wofür man Unmengen von Vorratsgefäßen benötigte (Abb. 131).

Zu den für die Speisebereitung gebrauchten Gefäßen gehören auch die Mörser und die Mahlsteine. Es gab zum Vermischen, Zerreiben oder Zerstampfen von Nahrung neben den tönernen Reibeschüsseln mit Steinchen im Boden auch große, glatte Schalen mit einem Ausguß am oberen Rand und weiterhin hohe, dickwandige Mörser verschiedener Größe zum Zerstampfen. Sie müssen wunderschön gewesen sein, bestanden sie doch aus weißem oder grauem Marmor. Es kommen ab und zu halbe Stücke bei der Ausgrabung vor, auch hier wieder manifestiert sich die menschliche Zerstörung, denn man muß schon mit einem Hammer draufschlagen, um solche Mörser aus Stein kaputt zu machen.

Ebenso zerschlagen sind gelegentlich gefundene Handmahlsteine, die aus Lavagestein bestehen und gerillt sind; sie konnten von einer Person bedient werden. Das Mehl wurde in ihnen geschrotet, wollte man es feiner haben, mußte es mehrfach gemahlen werden. Es wurde hauptsächlich das einfache Fladenbrot gebacken, wie es Cato, *De agri cultura* 74 beschreibt: *«Willst du Brot backen, so wasche die Hände und die Schüssel recht rein, tue das Mehl in die Schüssel, allmählich Wasser hinzu, knete es tüchtig. Hast du es gut geknetet, so gib ihm die richtige Brotgestalt und backe es unter einer irdenen Schüssel»* (die mit glühenden Kohlen bedeckt wird; Abb. 132). Noch bis heute backt man in der Padana ein Fladenbrot, die Pinza, im heimischen Kamin auf eben diese Weise unter einem Gefäß mit Holzkohle. Sie ist allerdings wohlschmeckender als das von Cato genannte Brot, denn bei ihm fehlten Salz und Fett.

In der Antike kannte man natürlich schon Fermente wie Hefe oder Sauerteig, wofür es ausführliche Rezepte gibt.

Fleisch wurde in unserem Bauernhof reichlich genossen. Das ist ersichtlich an der Menge von Tierknochen, vor allem von Rindern und Schweinen, aber auch von Schafen, Ziegen, Geflügel, die jedes Jahr gefunden werden. Die Knochen wurden offenbar einfach «auf den Mist» geworfen, sonst würden wir sie nicht in solchen Mengen in der Nähe des Hauses finden. Große Rinderknochen benutzte man auch zum Ausbessern der gepflasterten Höfe, manchmal in solchen Mengen, daß sich der Ausgräber innerlich vor so viel ländlicher Idylle schüttelt. Auch Schnekken und Muscheln wurden in Chiunsano verzehrt; Austernschalen fanden sich hingegen nicht. Wie es in einem so wasserreichen Gebiet natürlich ist, wurden Fische reichlich verzehrt. Vom Fischfang blieben nämlich so fragile Geräte erhalten wie zarte Angelhaken aus Bronze für die Fluß- bzw. Kanalfischerei und Nadeln aus Bronze zum Flicken der Netze. Beide Geräte sehen genauso aus wie die heute noch verwendeten.

Die Welt der Frau

Ein Raum unseres Hauses war die Weberei, denn dort fanden sich über 20 Webgewichte aus ziegelrotem Ton und außerdem die Schale einer Purpurschnecke (*murex*), die das beliebte Rot zum Färben der Stoffe abgab. Da die Purpurschnecke nur im östlichen Mittelmeer vorkommt, in der Adria aber nicht, wurde sie von weither eingeführt.

Das Weben war damals nicht so bequem wie heute, daß man vor der horizontal gespannten Kette am Webstuhl saß und mit den Füßen die Tritte für die Fächer drückte, sondern die Frauen mußten am senkrecht bespannten Web-«stuhl» stehen. Die Kettfäden wurden in einem Gestell senkrecht aufgehängt, und für die straffe Spannung sorgten die tönernen Webgewichte, die unten an den Fäden frei hingen; die Schäfte wurden durch ein Rohr geteilt.

Eigentlich ist dies eine primitive Art der Weberei, aber durch Homer bezeugt, daß tatsächlich so gearbeitet wurde, seit der Zeit als Penelope sich ihr Hochzeitsgewand webte, um damit die Freier hinzuhalten, bis in unsere römische Zeit des 1. Jhs. n. Chr. Ovid sagt im 6. Buch seiner *Metamorphosen*:

«Und schon steh'n die zwei an verschiedenen Plätzen vor ihrem
Webstuhl und jede spannt die zierlichen Fäden der Kette.
Querholz bindet die Pfosten. Es teilt die Kette ein Rohrschaft.
Mitten hindurch wird der Einschlag gelenkt durch das spitzige Schiffchen,
Finger wickeln ihn ab, und sobald er geführt durch die Kette,
Drückt der Kamm ihn fest mit den eingeschnittenen Zähnen.»

Erst im 2. Jh. n. Chr. wurde der moderne, horizontale Webstuhl erfunden.

Fast 40 Webgewichte fanden wir bisher, allerdings nicht etwa von einem Webstuhl, sondern zerstreut auf dem Villengelände (Abb. 133). Ihr Gewicht ist beachtlich: zwischen 400 und 1000 g. Sie sind um die 14 cm hoch; es gibt aber auch höhere. Jedenfalls sind die Gewichte so schwer, daß sie für eine Menge Fäden gleichzeitig dienten, keinesfalls für einzelne oder wenige Fäden, wie die griechischen, sehr viel leichteren Tongewichte.

Zum Weben gehört natürlich das Spinnen, und so fanden wir auch Spinnwirtel, kleine unscheinbare Tonperlen, die am unteren Ende der Spindel steckten, um sie durch ihr Gewicht in ständiger Drehung zu halten und damit den handgesponnenen Faden aufzuwickeln. Catull besingt in seinem 64. Gedicht das Spinnen der Parzen besonders anschaulich:

«Und nach uraltem Brauch begannen die Hände ihr Tagwerk.
Hielt die Linke den Rocken, die ungesponnene Wolle,
Zog mit der Rechten man leicht den Faden und zupfte mit spitzen
Fingern ihn sich zurecht, um dann mit drehendem Daumen
Schwungvoll die Spindel um den gedrechselten Wirtel zu treiben.
Dabei glätteten sie mit den Zähnen, was sie da spannen,
Und was zuvor das Gleichmaß des feinen Fadens noch störte,
Das hing nun an den trockenen Lippen als wollene Faser.
Und zu Füßen lag ihnen in schön geflochtenen Körbchen
Weiche, glänzende Wolle in wohlgerundeten Knäueln.»

136

137

138

139

Wollen wir uns die Frauen und Mädchen des Hauses, die etwa mit dem Weben beschäftigt waren, in ihrer äußerlichen Erscheinung vorstellen, so helfen eine erstaunliche Menge an Fundstücken, so unvollständig die einzelnen auch sind, unserer Vorstellung: die Weiblichkeit war reichlich geschmückt, parfümiert und gut frisiert, und an Hals, Armen, Händen und Kleidung trug man Schmuck. Edelmetall ist, wie gesagt, keines erhalten, aber die einzeln gefundenen Gemmen aus Halbedelsteinen und Glaspaste (als Imitation von kostbarem Stein) kann man sich in Silber- bzw. Goldringen gefaßt vorstellen. In Gold eingesetzt könnte ein eleganter weißbläulicher Nicolo (ein Sardonyx) mit Glücksymbolen gewesen sein (Abb. 134). Ein anderer Ring ist aus Eisen und hat eine Gemme aus Glaspaste, dem Ersatz für Halbedelsteine. Diesen Siegelring möchte man eher einem Mann zuordnen. Er sah im ursprünglichen Zustand nicht so unscheinbar dunkelbraun aus wie heute, sondern wirkte wie Silber! Armschmuck aus Edelmetall gab es sicher, aber wir fanden keinen, dafür Fragmente von recht dekorativen Armreifen aus schwarzem Glas.

Ketten und Anhänger als Halsschmuck gab es aller Art: wir finden ab und zu die großen türkisblauen Perlen aus Fayence, die nach ihrer Form Melonenperlen genannt werden, oder einen Anhänger aus demselben Material in Form einer Weintraube. Dieser Schmuck war bei den römischen Damen im 1. Jh. n. Chr. sehr beliebt und wird in vielen Grabungen gefunden, allerdings auch als Einzelstücke, so daß sie wegen ihrer blauen Farbe (sie galt als Übel abwehrend) wohl auch einzeln als Amulett getragen wurden.

Amulette trugen die abergläubischen Römer gern, wir haben zwei besondere Stücke gefunden, die bezeichnend für beide Geschlechter sind: eine Lunula (Abb. 135), die Frauen und Kinder trugen, und einen aus Bronze gegossenen Phallos. Die Lunula war ein sehr hübsches Schmuckstück, das die von den Römern meisterlich beherrschte Emaillearbeit zeigt, die nur selten an Schmuck oder Döschen zur Anwendung kam.

Für Männer war der Phallos von 3,6 cm Länge bestimmt, der massiv aus Bronze gegossen, an der Spitze abgerieben und für einen Anhänger recht schwer ist.

Für den Schmuck von Kopf und Gesicht der Römerinnen war in unserem Haus reichlich gesorgt, denn im Verhält-

***Abb. 138** Utensilien aus Bein und Stein zum Schminken, Frisieren und Nähen.*

***Abb. 139** Böden von Glasfläschchen für Parfüm. Es ist das einzige, was sich von den dünnen geblasenen Glaskörpern erhalten hat.*

***Abb. 140** Boden einer Parfümflasche mit Abdruck eines Tempels und griechischer Inschrift in Original und Zeichnung.*

***Abb. 141** Kleine Bronzegegenstände des täglichen Lebens: Ziernägel, kleine Gewichte, Gefäßhenkel, Riemendurchzüge vom Pferdegeschirr, Schlüssellochbeschlag, Schlüssel und Schloßriegel.*

nis zu anderen Dingen fanden wir aus diesem Bereich so viel, daß wir uns manchmal wunderten und von einem «Schönheitssalon» sprachen. Unter der Menge der Haarnadeln aus Bein und Bronze, die normalerweise kleine Kugeln als Kopf, aber gelegentlich hübsch gedrechselte Balusterköpfe haben, ragen zwei hervor: eine 18,2 cm lange Nadel aus Bein, die oben einen Ring hat und zum Hochstecken eines dicken Nackenknotens oder Zopfes geeignet ist (Abb. 136), sowie eine nur 7–8 cm lange Beinnadel (die Spitze fehlt), deren Kopf aus einer fein geschnitzten weiblichen Büste besteht. Man kann die dargestellte Frisur trotz der Kleinheit recht gut erkennen, was zur Datierung der Nadel hilfreich ist, denn römische Porträts sind hauptsächlich nach ihren Frisuren zu datieren, die sich nach der Mode des regierenden Kaiserhauses richtete (Abb. 137). Auch die berühmte Kleopatra und Octavia, die Schwester des Augustus, trugen in den letzten Jahrzehnten des 1. Jhs. v. Chr. diese Frisur.

Haarkämme sahen nicht anders aus als unsere heutigen Steckkämme: eine Seite war fein, eine gröber gezahnt. Sie wurden aus Knochen hergestellt und in Teilen nebeneinander gelegt; dann verband man die Stücke in der Mitte mit einer langen Leiste aus Bein auf beiden Seiten und fixierte alles mit Bronze-, später mit Eisenstiften (Abb. 138).

Schminkutensilien gab es auch reichlich: da sind die meist aus grauem Schiefer fein geschliffenen Schminktabletts, auf denen die trockenen Pigmente mit ihren salbenartigen Trägern angemischt wurden, und tatsächlich fanden sich auch Reste der verwendeten Farben: drei blaue Pigmentkugeln hat der Boden in Ficarolo bewahrt. Zum Mischen wurden beinerne und bronzene Stäbe von 10–15 cm Länge gebraucht, die ein kleines Löffelchen auf der einen und eine kleine Keule auf der anderen Seite haben. Die Ingredienzen holte man damit aus kleinen Büchsen aus Holz oder Bein heraus oder aus den in großer Menge gefundenen kleinen rundbodigen Glasfläschchen, den sogenannten Balsamarien, in denen sich die Duftstoffe gut bewahren ließen (Abb. 139).

Feine Düfte waren auch in größeren rechteckigen Glasflaschen im Handel, von denen wir zwei sehr seltene Flaschenböden fanden. In die Unterseite des einen Bodens wurde als Herkunftsangabe die Rückseite einer Münze aus Bithynien in die warme Glasmasse gedrückt, die eine achtsäulige Tempelfront mit griechischer Inschrift darstellt (Abb. 140). Bei den wenigen bekannten Exemplaren dieser Gattung wird sonst stets die Vorderseite der Münzen mit dem Kaiserbild ab-

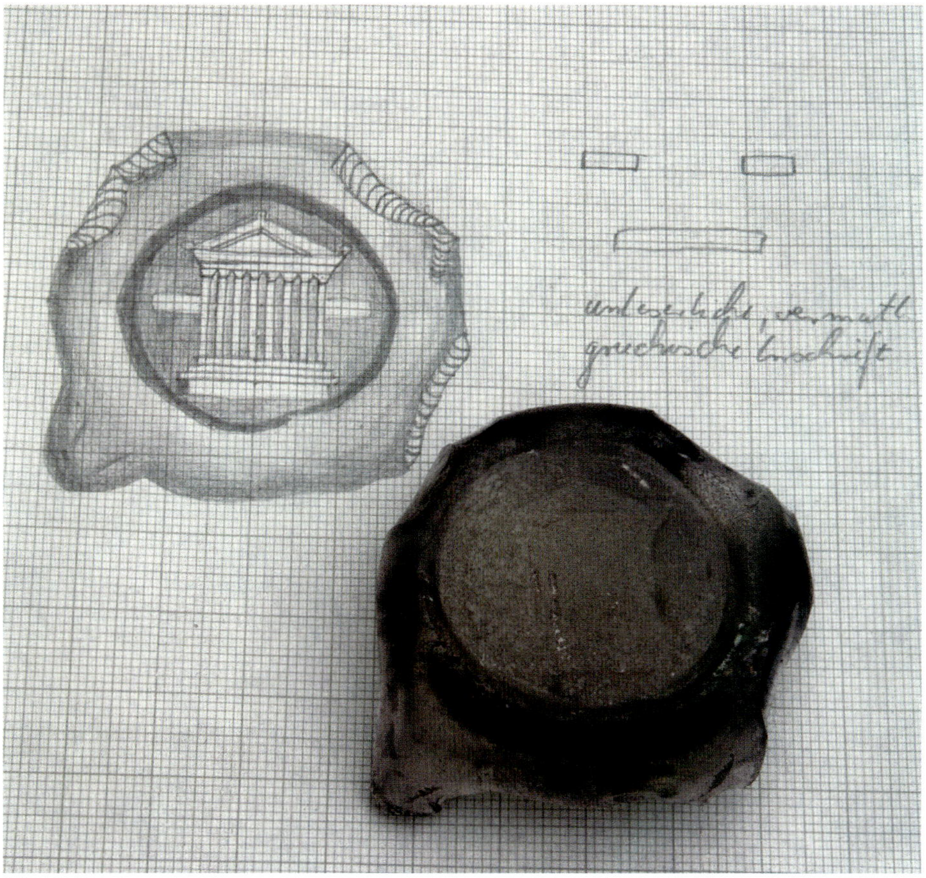

140

141

142

143

gedrückt: bei dem anderen unserer Böden ist es ein As des Kaisers Antoninus Pius (regierte von 138–161 n. Chr.). Nach einigem Suchen konnten wir glücklicherweise die Münze mit dem Tempel finden: es handelt sich um eine nicht in Italien geprägte Münze mit zwei griechischen Worten, die besagen, daß die Münze für den Landtag von Bithynien (heute die nordwestliche Türkei) geschlagen und im Jahre 128/129 n. Chr. von Kaiser Hadrian ausgegeben wurde.

Glasflaschen mit Münzabdrücken sind bisher nur in Istrien, Mittel- und Norditalien gefunden worden, obwohl sie in Kleinasien gefertigt wurden. Daraus wird geschlossen, daß diese Glasflaschen mit Parfümen aus kaiserlichen Domänen des östlichen Teils des Römischen Reiches gefüllt und nach Italien importiert wurden.

Zu guter Letzt sollte die gepflegte Dame sich auch betrachten können: Spiegel aus Bronze, bei denen die spiegelnde Seite mit einer Schicht von silbrigem Weißblech überzogen und poliert war. Es gab die einfachen Handspiegel, rund und mit Griff, groß und klein, und die vornehmeren Spiegel in einer Kapsel, rund oder rechteckig.

Die Welt des Mannes

Nicht so reichlich wie Keramik, aber doch sehr viel wird bei jeder Grabung Metall gefunden – das meiste davon ist Bronze, dann folgen Blei und Eisen. Letzteres war sicher einmal reichlicher vorhanden, zersetzt sich jedoch in der feuchten Erde, rostet durch, und so findet man außer den großen handgeschmiedeten Nägeln oft undefinierbare Stücke.

So ist es auch beim Blei, das zu vielen verschiedenen Zwecken verwendet wurde und von dem immer ein Vorrat vorhanden war. Dies zeigt uns eine gestempelte dicke Platte, von der mit dem Beil die benötigte Menge zum Gießen abgehackt worden war. Blei wurde z. B. zum Löten und Ausflicken, zum Gießen von Bleigewichten und Bauloten und anderen Geräten benutzt, Wasserleitungen bestanden aus Bleirohren.

Bronze ist fast allgegenwärtig in Form von Münzen, Geräten und ihren Zusatzteilen (Abb. 141), doch manchmal gibt es auch «Bronzeschrott», wenn die ehemalige Bestimmung nicht mehr erkennbar ist.

Nachdem wir die Annahme hegten, daß unsere *villa rustica* eine Herberge nahe bei der Straßenkreuzung der Via Aemilia minor und der Landstraße entlang dem nördlichen Ufer des Po war, kamen uns die vielen Gegenstände, die zu Pferd und Wagen gehörten, nicht mehr überraschend vor. Immer wieder fanden wir Anhänger aus Bronze, die uns als Halsschmuck doch etwas zu grob vorkamen. Sie waren zwar teilweise verzinnt, aber doch recht einheitlich aus scharfkantigem Bronzeblech geschnitten, das am Hals zu gefährlich gewesen wäre. Als ein auf beiden Seiten verzinntes Blech in Lunula-Form geborgen wurde, das einen besonderen Mechanismus hatte, war die Bestimmung klar: am Pferdegeschirr angebracht, ergab es beim Laufen ein klapperndes Geräusch (Abb. 142). Die vielen von uns gefundenen Zierknöpfe werden auf den Lederriemen des Pferdegeschirres angebracht gewesen sein.

***Abb. 142** Vorschlag für die Anbringung des Anhängers am Pferdegeschirr.*

***Abb. 143** Fibeln, links zwei Fibeln und eine Nadel vom Aucissa-Typus, rechts zwei Spiralfibeln.*

***Abb. 144** Ein Teil der römischen Münzen aus der Grabung 1997, darunter drei Silbermünzen (Denare).*

Fibeln, römische Halte- und Schmucknadeln, fehlen in keiner römischen Grabung (Abb. 143), sie waren für den Halt der Kleidung sehr wichtig. Vor allem Männer verwendeten Fibeln, wenn sie statt eines Manels eine Toga trugen. Mit der Toga waren sie nur bei offiziellen Anlässen bekleidet, denn die gelegten Falten waren sehr unpraktisch. Die Frauen in Italien trugen weniger Fibeln als ihre nördlich der Alpen wohnenden Zeitgenossinnen, die eine andere Tracht hatten. Aber es gibt auch römische Frauenfibeln, die durch Emaille-Einsätze bunt und in vielerlei Formen gestaltet waren. Stellt man sich die ursprüngliche dunkle Goldfarbe der Bronze oder den rötlichen Ton des Kupfers vor, außerdem eine Versilberung, die es auch gibt, so sind diese Fibeln Schmuck und Sicherheitsnadel in einem. So auffällig wie die Fibeln der nachrömischen germanischen Zeit sind sie nicht, dafür aber klein, phantasievoll und preziös.

Der Haupttypus aber, der mit 25 Stück auch die Hauptmenge unserer Fibelfunde ausmacht, ist vom verbreiteten Typus der sogenannten Aucissa-Fibel und seinen Varianten. Die Form wird nach einem Fabrikanten mit dem keltischen Namen AVCISSA genannt, der seinen Namen häufig auf die Platte über dem Scharnier einprägte; aber auch andere Namen waren zu lesen. Es ist die typische Soldatenfibel; sie wird durch die Soldaten seit Caesar und Kaiser Augustus von Oberitalien, wo das Herstellungszentrum vermutet wird, bis nach Britannien und zum Euphrat verbreitet. Man findet sie in Legionslagern, aber auch in zivilen Ortschaften bis zum späten 1. Jh. n. Chr., als andere Typen aufkommen.

Die Technik der Soldatennadel ist neu: Bügel und Nadel sind nicht mehr aus einem Stück, sondern zwei verschiedene, die durch einen Scharnierstift verbunden sind, der auch aus Eisen sein kann. Die Enden des Scharnierstiftes und die Spitze am Nadelhalter wurden durch aufgesetzte Knöpfe abgesichert.

Zuletzt sei noch der Jagd gedacht, deren Spuren sich im Boden fanden. Zwar nicht in der Villa selbst, aber in ihrem Umkreis fanden sich rätselhafte Bronzegegenstände, für deren Bestimmung bisher verschiedene Deutungen gegeben wurden. Mit den italienischen Kollegen sind wir einer Meinung, daß es sich um Bogenspanner handelt, also kleine Geräte, die den Zug der Sehne zwischen den Fingern auffangen und verstärken.

Und was wurde gejagt? Zeugnisse von zwei Jagdtieren blieben erhalten: einmal die Menge der Stoßzähne wilder Eber, die jedes Jahr zu unserem Fundgut gehören und eine erstaunliche Länge erreichen können, und zum anderen Hirschknochen und Geweihstücke. Die Eberzähne wurden nicht nur weggeworfen, wie die anderen Schlachtabfälle, sondern die größten prangten am Hals des stolzen Jägers als Trophäe, wie es ähnlich schon in der Bronzezeit mit den Eberzahnhelmen war und heute noch bei Naturvölkern vorkommt. Den Hirsch gab es in der Padana bis ins Mittelalter hinein. Sein festes Hornmaterial wurde zum Schnitzen von Gebrauchsgegenständen benutzt, wie es ebenfalls heute noch üblich ist.

Münzen

Die Gegenstände aus Haus und Hof sowie die Reparaturphasen der Gebäude stellen zusammen mit den Münzfunden einen Spiegel des Lebens auf dem Lande dar. 675 Münzen fanden wir verstreut im Ausgrabungsgelände (Abb. 144), nicht etwa als versteckte Schätze an einer einzigen Stelle. Mit 17 % bilden die Münzen der römischen Republik einen hohen Anteil an der Fundmenge, doch sind die meisten der römischen Asse (bronzene Standardmünze) halbiert worden: ein halbes republikanisches As hat das Gewicht eines au-

144

145a

145b

146

147

148a

148b

***Abb. 145a.b** Ein Viertel eines As augusteischer Zeit, geprägt durch den Münzmeister C. Naevius Capella auf Senatsbeschluß (SC = Senatus consultum); auf der Rückseite ein Altar etruskischer Form, der mit einer Girlande geschmückt ist.*

***Abb. 146** Denar des Kaisers Traian aus den Jahren 103–111 n. Chr. mit dem Titel «optimus princeps» bester Regent/Fürst. Auf der Rückseite ein Genius am Altar.*

***Abb. 147** Denar des Kaisers Hadrian aus den Jahren 125–128 n. Chr. Auf der Rückseite ist der stehende Meeresgott Neptunus zu sehen.*

***Abb. 148a.b** Silbermünze des Königs Juba I. von Numidien (60–46 v. Chr.) im Gewicht der römischen Denare. Die Beschriftung ist neupunisch und lateinisch: REX IVBA. Auf der Rückseite ist ein achtsäuliger Podiumstempel zu sehen, dessen Form nicht römisch ist.*

gusteischen As! Die Halbierung zeigt, daß das alte Geld weiter benutzt wurde. Es wurden aber auch Viertel eines As ausgeprägt, deren Name Quadrans ist (Abb. 145a.b). Auch für andere Münzen gilt: antike Münzen haben eine sehr lange Umlaufzeit. Aus dem 1. Jh. n. Chr. stammen etwa 30 % neuer Münzen, aus dem 2. Jh. n. Chr. aber nur 10 %: an diesen Zahlen läßt sich ablesen, daß die Blütezeit unserer Villa im 1. Jh. n. Chr. gelegen hat. Als Beispiele für Münzen des 2. Jhs. sind hier ein Denar des Kaisers Traian (Abb. 146) und ein Denar seines Nachfolgers Hadrian (Abb. 147) zu sehen. Neues Geld strömte nur langsam in die Padana ein. Auch im 3. und 4. Jh. n. Chr. mit zusammen 19 % der Münzfunde änderte sich der Zufluß kaum, scheint sich aber in der Zeit des Kaisers Konstantin (306–336 n. Chr.) wieder verstärkt zu haben. Es bleiben noch 14 % weiterer Münzen, die sich auf die gesamte römische Zeit verteilt haben: sie sind bisher noch nicht identifiziert. Ein Teil ist durch den Gebrauch gänzlich abgerieben, ein anderer Teil noch verkrustet.

Goldmünzen haben wir nicht gefunden. Aber die Silbermünzen (Denare) stellen eine besondere Kategorie dar. Sie sind häufiger am Ende des 1. Jhs. n. Chr. und im 2. Jh. n. Chr., als in der Zeit davor. Die früheste Silbermünze stammt noch aus der Zeit des 2. Punischen Krieges, ein sog. Victoriat, das in den Jahren 205–195 v. Chr. geschlagen wurde. Das ist die Zeit, als die großen Straßen in der Padana angelegt wurden. Ein weiteres Kuriosum ist eine Silbermünze des numidischen Königs Juba I. (Abb. 148a.b), der von 60–46 v. Chr. über das heutige Marokko regierte und zeitweise mit Pompeius gegen Caesar verbündet war. Ein anderer Denar wurde von Antonius für die 7. Legion geschlagen: er ist leichter als die üblichen Denare, Soldatengeld eben, wie es bei der gesamten Serie der Ausgaben des Antonius für die einzelnen Legionen und Marine-Einheiten üblich war. Die drei genannten Münzen, die von Soldaten mitgebracht oder für sie geschlagen wurden, bestätigen noch einmal, daß in der frühen Zeit unserer Villa von Chiunsano Soldaten eine wichtige Rolle spielten; Veteranen aus den verschiedenen Armeen wurden hier angesiedelt.

Spätantike

Die Zeit des Römischen Imperiums geht im 4. Jh. n. Chr. ihrem Ende entgegen. Schon zu Beginn des Jahrhunderts hatte sich Konstantin, der nachmalig der Große genannt wird, durch Siege über seine Gegner der Tetrarchie – also der vernünftigen Viererherrschaft, die das Riesenreich gemeinsam beherrschen wollten – wieder zum Alleinherrscher wie in der früheren Kaiserzeit gemacht. Vorher hatte er 313 n. Chr. das Toleranzedikt zu Mailand erlassen, das völlige Religionsfreiheit und Gleichberechtigung des Christentums und Abschaffung des Staatskultes dekretierte, und dann 330 n. Chr. die neue christliche Reichshauptstadt Konstantinopolis (Byzantion, Byzanz) in bewußtem Gegensatz zum heidnischen Rom gegründet. Unter seinen Nachfolgern zogen sich wieder die Wolken über dem römischen Reich zusammen, indem die Hunnen, die Jahrhunderte vorher aus China vertrieben worden waren, bis zur südrussischen Steppe vordrangen. Dort zerstörten sie 375 n. Chr. das Ostgotenreich, das nördlich der Krim nach der Einwanderung der Ostgoten aus Nordeuropa entstanden war. Von da an sprechen wir von der Völkerwanderungszeit, die nun allen Kaisern in Ost- und Westrom zu schaffen machen wird und die nicht etwa mit der Schlacht auf den Katalaunischen Feldern in der Champagne bei Troyes 451 n. Chr. gegen die Hunnen endet. Attila wird dort geschlagen und an weiteren Eroberungen im Westen gehindert, aber nur zeitweise geschwächt. Im Frühjahr 452 n. Chr. zog er dann nach Italien, nahm die berühmte Stadt Aquileia ein, plünderte das reiche Mailand und Pavia und empfing in der Nähe von Mantua den Papst Leo. Dieser bat um Waffenstillstand und bot im Namen der Römer eine jährliche Tributzahlung an. Zum Glück für Italien hatte eine Armee des oströmischen Reiches die Hunnen in ihren Sitzen in der ungarischen Tiefebene gerade in diesem Moment angegriffen, so daß Attila dem Vorschlag Leos zustimmte und aus Italien abzog. Die endgültige Rettung vor den Hunnen war Attilas Tod im nächsten Jahr, worauf bald danach das Hunnenreich auseinander fiel.

Diese bewegte Zeit hat sich auch in unserem Ort Ficarolo niedergeschlagen. Das Treffen zwischen Papst und Hunnenkönig hatte schließlich nur etwa 60 km entfernt davon stattgefunden, keine große Strecke für die Steppenreiter. 1991 gruben wir in Chiesazza, nur 500 m von Chiunsano entfernt, einen Teil eines Friedhofes mit 60 Toten aus, der wie frühmittelalterliche Friedhöfe angelegt war (Abb. 149): die Toten lagen in Reihen und in christlicher Art orientiert, den Kopf im Westen und die Füße im Osten, Beigaben waren keine niedergelegt worden (Abb. 150). Nur ein einziger Kamm fand sich, der aber das Haar eines Toten bei seiner Bestattung zusammen gehalten hatte. Die Datierung des Friedhofes war daher nicht einfach. Doch es kamen uns mehrere Dinge zu Hilfe: die Toten lagen zwar zum Teil in gleicher Ausrichtung und gewissem Abstand voneinander, aber einige waren doch so übereinander begraben, daß die Bestattungen in längerem Abstand erfolgt sein mußten. Die Belegung des Friedhofs hatte mindestens drei Generationen gedauert. Die anthropologische Untersuchung der Skelette brachte Erstaunliches zutage: bestattet waren nicht nur einheimische Italiker, sondern auch Rätoromanen aus den Alpenregionen, Ostgermanen und mindestens zwei Tote, die aus Verbindungen mit zentralasiatischen, hunnischen Männern vor ein oder zwei Generationen herrührten. So war der Friedhof also nach 452 n. Chr. angelegt und konnte bis 600 n. Chr. benutzt worden sein. Bestattet wurde hier die Landbevölkerung dieser Gegend, während die Angehörigen der Führungsschicht einzeln und mit Beigaben auf ihrem eigenen Anwesen begraben wurden, wie sie in Chiunsano bei Ficarolo im Jahre 1992 überraschend auftauchten. Der gesundheitliche Zustand der in Chiesazza beerdigten Leute war erstaunlich gut, was die Feststellung der Historiker untermauert, daß sich am Ende der Kaiserzeit der wirtschaftliche Schwerpunkt von den Städten, in denen der Wohlstand sank und oft anarchische Zustände herrschten, auf das Land verlagert hatte. Die ethnische Vielfalt der Bevölkerung illustriert hingegen besser als jede historische Abhandlung die Zustände während der Völkerwanderungszeit und den Hunnenzug in die Po-Ebene.

Doch nach Italien zogen vor allem die gotischen und germanischen Stämme, die von den Reiternomaden aus ihren östlichen Ländern verdrängt worden waren. Schon 377 n. Chr. gab es eine staatlich

149

***Abb. 149** Ein Blick in den völkerwanderungszeitlichen Friedhof von Chiesazza, in dem wir Reste von 60 christlichen Toten ausgruben und dokumentierten: Nachfahren von Italikern, Alamannen, Ostgoten und Hunnen. Die «einfachen Leute» wurden ohne Unterschied ihrer Herkunft auf Friedhöfen bestattet, während die Angehörigen vornehmerer ostgotischer Familien in der Nähe ihres Hauses beerdigt wurden.*

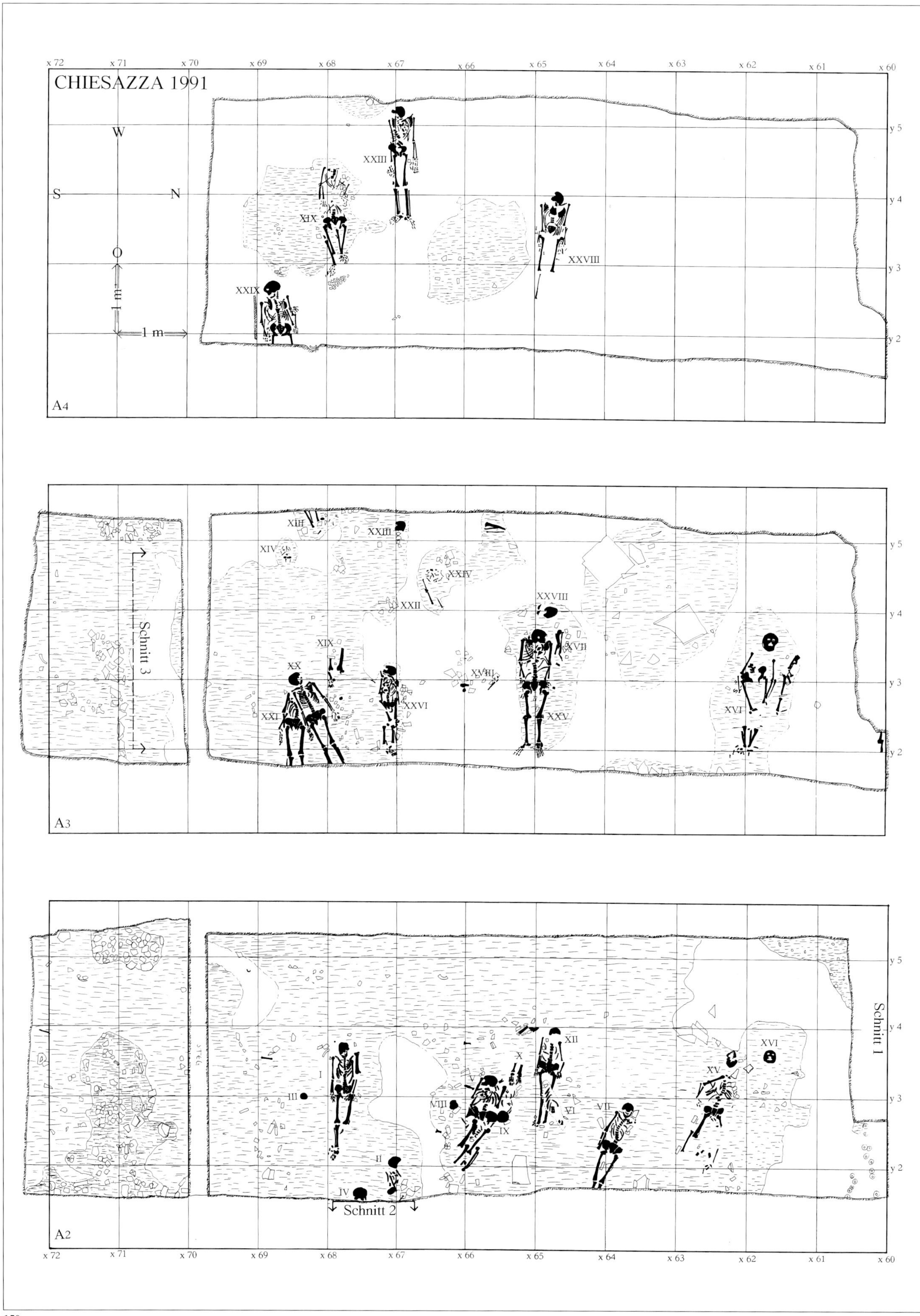
CHIESAZZA 1991
x 72
x 71
x 70
x 69
x 68
x 67
x 66
x 65
x 64
x 63
x 62
x 61
x 60
y 5
y 4
y 3
y 2
W
S
N
O
1 m
1 m
XXIII
XIX
XXVIII
XXIX
A4
XIII
XXIII
XIV
XXIV
XXII
XXVIII
XVII
XIX
XX
XVIII
XXVI
XXI
XXV
XVI
Schnitt 3
A3
I
III
II
IV
V
VIII
IX
X
XII
VI
VII
XV
XVI
Schnitt 1
Schnitt 2
A2

verordnete Ansiedlung einer Gotenschar in der Po-Ebene, nachdem sie von den Römern an der Grenze zu Illyrien geschlagen worden war.

Später kamen dann Teile der germanischen Heruler und anderer Verbände als Söldner nach Italien. Obwohl sie in römischem Dienst standen, strebten diese germanischen Gruppen doch nach einer gewissen Autonomie und wählten Odoaker, der Skire, Rugier oder Heruler war, zu ihrem gemeinsamen König. Als König residierte er – wie später Theoderich der Große – in Pavia, als Vertreter des byzantinischen Kaisers aber in Ravenna. Dort hatte er den letzten weströmischen Kaiser Romulus Augustus (Augustulus) 476 n. Chr. abgesetzt und wurde als dessen Nachfolger vom römischen Senat und dem byzantinischen Hof anerkannt; wir würden heute sagen: mit der Regierung Westroms kommissarisch beauftragt, denn Odoaker nahm den Titel Augustus (Kaiser) nicht an.

Als sich Spannungen zwischen Odoaker und dem byzantinischen Hof einstellten, wurde der Ostgotenkönig Theoderich der Große 486 n. Chr. von Kaiser Zenon beauftragt, gegen Odoaker vorzugehen. Theoderich der Große zog nun 489 n. Chr. mit seinem gesamten Volk in Italien ein, belagerte Odoaker drei Jahre lang in Ravenna und tötete ihn eigenhändig 493 n. Chr. bei einem offiziellen Waffenstillstandsgespräch. Diese Episode ist in die germanische Heldensage eingegangen in der Gestalt des Dietrich von Bern (= Theoderich von Verona).

Theoderich der Große stammte aus dem Geschlecht der Amaler; geboren 453 n. Chr., wurde er mit 20 Jahren 473 n. Chr. zum König seines Stammes gewählt. In seiner Jugend war er als Geisel am oströmischen Hof in Konstantinopel erzogen worden und kannte also die militärischen und diplomatischen Regeln der Staatsführung aufs beste. 474 n. Chr. wurde Theoderich der Große vom byzantinischen Kaiser Zenon zum Reichsfeldherrn

Abb. 150 Phasenplan der Ausgrabung im völkerwanderungszeitlichen Friedhof von Chiesazza: die Schichten sind 15 cm voneinander entfernt. Man sieht, daß die Toten oft übereinander lagen, was den Schluß zuläßt, daß die Grabstätten auf der Oberfläche nicht markiert waren. So wurden frühere Bestattungen gestört.

Abb. 151 Interimsfoto während der Ausgrabung der Dame von Ficarolo: ein Kolbenarmreif aus Silber umschließt den linken Unterarm der Frau, der unter ihrem Becken liegt.

151

und Patricius ernannt, später (484 n. Chr.) zum Konsul designiert und wegen militärischer Erfolge in Kleinasien mit einer Reiterstatue in Konstantinopel geehrt. Seine Regierung Italiens fand ungeteiltes Lob ebenso am byzantinischen Hof wie im Senat von Rom, so daß er als loyaler Vertreter des oströmischen Kaisers in die Geschichte eingegangen ist. Theoderich der Große hatte das Recht, den kaiserlichen Pupur zu tragen und einen der beiden römischen Konsuln, und zwar den westlichen, zu benennen. Diese glückliche Zeit endete 526 n. Chr. mit seinem Tod. Denn seine Nachfolger, die eine Unabhängigkeit von Byzanz anstrebten, entfachten die Gotenkriege, die von Prokopios von Caesarea, dem byzantinischen Historiker des 6. Jhs. n. Chr., anschaulich beschrieben wurden und die zur völligen Vernichtung der Goten in Italien führten.

Gleichwohl pflegte Theoderich der Große dynastische Verbindungen zu seinen germanischen Königskollegen: so war seine Frau die Schwester des Frankenkönigs Chlodwig, zwei seiner Töchter heirateten den König Sigismund von Burgund und den Westgotenkönig Alarich II. Erst 507 n. Chr. kam es zu Spannungen mit Chlodwig, der die Alamannen vertrieben hatte. Theoderich der Große nahm die Alamannen in sein oberitalisches Reich auf; außerdem verwehrte er Chlodwig den Zugang zum Mittelmeer, indem er die von Chlodwig bedrängten Westgoten in Südfrankreich unterstützte.

Die Dame von Ficarolo

Zu diesen schriftlich überlieferten Ereignissen hat sich nun erstmalig ein materieller Beweis gefunden. Es war bisher nicht klar, wo Theoderich der Große die vor der Rache des Frankenkönigs Chlodwig geflohenen Alamannen angesiedelt hatte, aber durch den Fund germanischer Gräber auf dem Gelände der ehemaligen Poststation von Ficarolo können wir nun sagen, daß die durch die Hunnenzüge verödete Landschaft an den Südabhängen der Alpen tatsächlich das Gebiet der Ansiedlung war. Für Theoderich den Großen konnten diese Neusiedler als Bollwerk seines Reiches gegen die Alpenvölker nur willkommen sein. Wir haben es bei unseren Germanen zwar nur mit einer Familie zu tun, aber da es nur eine Handvoll gut beobachteter Gräber dieser Zeit in Italien gibt, ist es doch eine Besonderheit. Zwar existieren viel reichere, auch fürstliche Grabausstattungen aus dem ostgotischen Italien des frühen 6. Jhs. n. Chr., aber sie stammen aus Gelegenheitsfunden und aus alten Sammlungen. Die kostbarste Grabausstattung unter ihnen, die einer Fürstin, ist auf verschiedene europäische Museen verteilt.

Der Schmuck der Fürstin von Domagnano ist die prächtigste Version der im frühen Mittelalter beliebtesten Kombination aus warmem weinroten Almandin, einer Unterart des Granat, und des glitzernden Goldes, die in der Cloisonnée-Technik miteinander verarbeitet sind. Dabei wurden auf den goldenen Untergrund goldene Stege wie die Linien einer Zeichnung aufgeschmolzen und die dabei entstehenden Kästchen mit Plättchen von rotem Almandin, selten auch mit grünem Glas und weißen Perlen, gefüllt. Das Schmuckensemble der fürstlichen Frau läßt sich aus hauptsächlich im Germanischen Nationalmuseum Nürnberg befindlichen Objekten sowie anderen auf weitere Museen verstreuten Stücken rekonstruieren. Es besteht demnach aus zwei 12 cm langen adlerförmigen Fibeln, die den Mantel auf den Schultern hielten; dazwischen hing eine breite Kette. Desweiteren bestand das Ensemble aus mehrteiligem Ohrgehänge, zwei mit Goldketten verbundenen Haarnadeln, die den Schleier auf dem Haar fixierten, aus einem Fingerring und dem Besatz einer Tasche sowie zwei Messerscheiden, die vom Gürtel hingen.

So kostbar und reichhaltig ist die in Chiunsano auf dem Gelände der römischen Poststation gefundene Grabausstattung nicht, aber ihr Wert besteht in den Erkenntnissen, die wir aus der Vollständigkeit, dem Zustand und der Herkunft der einzelnen Schmuckstücke und der anthropologischen Untersuchung der Skelette gewinnen. Germanen, obwohl Christen, gaben ihren Toten bis ins 7. Jh. n. Chr. hinein die aus der heidnischen Zeit wohlbekannten Grabbeigaben mit. Gegen den Brauch, kostbares Edelmetall mit ins

152

Grab zu geben, hatte König Theoderich zwar zweimal Gesetze erlassen, aber dies wurde offenbar bei Frauen nicht beachtet; Männern wurden die sehr kostbaren Waffen nie mitgegeben.

Der Schmuck der von uns «Dame von Ficarolo» genannten Toten bestand aus neun Teilen verschiedener Art, die fast alle noch an der Stelle lagen, wo sie sich bei der Bestattung befanden (Abb. 151), denn das Skelett lag ungestört auf einer festen römischen Pflasterung. Auf diese wurde der hölzerne Sarg gestellt. Das Schmuckensemble ist also vollständig erhalten (Abb. 152). Die Dame war wie alle in Chiunsano gefundenen Germanen Christin: mit dem Kopf im Westen und den Füßen im Osten bestattet.

Am linken Arm trug sie einen glatten massiv silbernen Armreif, an der linken Hand einen silbernen Ring mit vier kleinen Almandinen und einem granatfarbenen Glasplättchen in der Mitte, an der linken Seite des Kopfes die Haarnadel aus massivem Silber mit vergoldetem Kopf von 15 cm Länge für die schweren Flechten, auf den Schultern zwei Fibeln zum Halten des Kleides, massiv aus Silber gegossen und einige Teile vergoldet und mit Ornamenten aus dem schwarzen Niello verziert, auf ihrer linken Schulter lag der Halsschmuck, ein Amulett, bestehend aus zwei Bronzeringen und einer großen, mehrfarbigen Glasperle. Diese hatte blauen Grund – die «Übel abwehrende» Farbe, wie sie es heute noch ist – und bunte Tupfen darauf; sie ist aber durch die chemischen Einwirkungen im Boden nicht mehr so strahlend wie einst. Doch das schönste Stück ist die Gürtelschnalle, die aus zwei Teilen besteht: einmal aus der Schnalle mit Dorn, gegossen aus Bronze und Silber, und zum anderen aus einer Schmuckplatte, die aus vergoldetem Silber gegossen und mit neun Almandinen verschiedener Form besetzt ist (Abb. 153).

Das Skelett dieser Frau wurde anthropologisch untersucht: es handelt sich um eine Germanin, die nur etwa 35–49 Jahre alt geworden war und in ihrem Leben schwer arbeiten oder tragen mußte. Diese Aussagen und die Herkunft und Datierung des Schmuckes erlauben heute, ihren Lebensweg nachzuerzählen – und der ist spannend. Sie wurde gegen 460/470 n. Chr. geboren als Gepidin, d. h. als Angehörige eines ostgotischen Stammes, der in der ungarischen Tiefebene zwischen Donau und Theiss siedelte. Dorther stammen ihre beiden abgeriebenen Fibeln und der Fingerring. Dann war sie, wie so viele Menschen, in der Zeit der Völkerwanderung nach Westen bis zum Oberrhein gewandert. Dort heiratete sie – und das ist nun eine Spekulation – einen Alamannen, der ihr weitere Schmuckstücke schenkte: die große Haarnadel, den silbernen Armreif und das Amulett. Diese Schmuckstücke sind jedenfalls alamannischen Grabfunden aus der Gegend von Basel ähnlich. Doch ihr Grab, angelegt um 510/520 n. Chr. wie auch das ihrer Familienangehörigen fanden wir in Ficarolo am Po. Sie waren also ausgewandert nach Südosten über die Alpen und hatten sich in dem noch teilweise bewohnbaren römischen Anwesen angesiedelt, wo dann, dem germanischen Brauch für hochstehende Personen entsprechend, im eigenen Grundstück die Familiengrabstätte angelegt wurde.

Zu dieser Wanderung der Alamannen nach Norditalien gibt es historische Quellen, die folgendes besagen: die Alamannen hatten gegen die herrschenden Franken rebelliert und waren besiegt worden, worauf sie ins Gebiet des Ostgotenkönigs Theoderich flohen. König Theoderich nahm sie gerne auf und siedelte sie in der entvölkerten Gegend zwischen Alpensüdabhang und Ravenna an. Daraufhin nahm Theoderich den Beinamen «Alamannicus» an – aber nicht in dem Sinne von «Bezwinger der Alamannen», wie es die römischen Kaiser zu tun pflegten, sondern in der Bedeutung «Beschützer der Alamannen». Durch die Aufdeckung dieser germanischen Gräber ist also ein bisher nur in historischen Quellen bekannter Vorgang mit materiellen Funden bestätigt worden.

Nachdem nun Funde aus der Römerzeit, der Hunnenzeit und der Ostgotenzeit auf diesem kleinen Fleck der Po-Ebene ausgegraben wurden, scheint es danach dort wirklich öde geworden zu sein. Nicht eine einzige langobardische Scherbe oder eine mittelalterliche Münze fand sich mehr, nur Ortsnamen der Gegend verraten noch langobardischen Ursprung. Die Po-Ebene war versumpft. Die wichtigen mittelalterlichen Stätten um 1000 n. Chr. sind die in weiterer Entfernung liegenden Benediktinerabteien von Nonantola bei Modena und Pomposa nördlich von Ravenna. Von diesen ging die Wiederbesiedlung der Padana aus, nachdem man die Entwässerung der Sümpfe systematisch durchgeführt hatte.

153

***Abb. 152** Der vollständige Schmuck der Dame von Ficarolo. Abgebildet ist von den beiden Fibeln nur eine. Die ursprüngliche Leuchtkraft des silbernen Fingerrings und der großen Glasperle ist durch Oxydation geschwächt.*

***Abb. 153** Fibel und Gürtelschnalle der Dame von Ficarolo rahmen den Rest einer zweiten silbernen Gürtelschnalle ein, deren vergoldeter Dorn mit einem Alamandinplättchen in einem Kästchen geschmückt ist. Sie gehört zu der Bestattung eines Mannes, dessen Skelett bei Beerdigung der Dame gestört worden war, dessen Kopf aber sorgfältig in aufrechter Position nachbestattet wurde.*

Chronologische Ausdrücke

spätrepublikanisch	100 – 30 v. Chr.
caesarisch	100 – 44 v. Chr.
augusteisch	27 v. – 14 n. Chr.
tiberianisch	14 – 37 n. Chr.
iulisch-claudisch	27 v. – 68 n. Chr.
flavisch	69 – 96 n. Chr.
frühe Kaiserzeit	27 v. – 96 n. Chr.
mittlere Kaiserzeit	98 – 283 n. Chr.
diokletianisch	283 – 305 n. Chr.
späte Kaiserzeit	283 – 476 n. Chr.
spätantik	283 – 526 n. Chr.
hunnisch	280 – 455 n. Chr.
ostgotisch	489 – 540 n. Chr.
mittelalterlich	476 – 1492 n. Chr.

Antike Schriftsteller

Herodot	etwa	485–425 v. Chr.
Cato		234–149 v. Chr.
Polybios	etwa	200–120 v. Chr.
Catull		87–54 v. Chr.
Vergil		70–19 v. Chr.
Horaz		65–8 v. Chr.
Hyginus	etwa	64 v.–17 n. Chr.
Strabon		63 v.–19 n. Chr.
Livius		57 v.–17 n. Chr.
Ovid	etwa	43 v.–17 n. Chr.
Columella	etwa	10–80 n. Chr.
Plinius d. Ä.		23–79 n. Chr.
Lucan		39–65 n. Chr.
Martial	etwa	40–120 n. Chr.
Juvenal	etwa	60–140 n. Chr.
Plinius d. J.		62–114 n. Chr.
Prokop	etwa	500–562 n. Chr.

Anhang

LITERATURHINWEISE

(nur zusammenfassende bzw. leicht erreichbare Literatur)

Allgemein

L. Crema, *L'Architettura Romana* (1959) (*Enciclopedia Classica* III/XII).
M. Calzolari, *Padana Romana* (1989).
Satellitenbild *Weltatlas* (1996).

Zur etruskischen Siedlung in San Cassiano di Crespino

M. Harari, in: *Quaderni di Archeologia del Polesine* 1 (2000) 147–152.

Zu Balone

R. Peretto (Hrsg.), *Balone, Insediamento etrusco presso un ramo del Po* (1994).

Zum etruskischen Erzabbau

Die Welt der Etrusker, Katalog Berlin (1988) 9–15.

Zu den Venetern und der Estekultur

G. Tosi (Hrsg.), *Este Antica dalla preistoria all' età Romana* (1992).

Zur Provinz Gallia Cisalpina

T. Bechert, *Die Provinzen des Römischen Reiches* (1999) 63 f. mit weiterer Literatur.
Tesori della Postumia, Archeologia e storia intorno a una grande strada romana alle radici dell' Europa, Katalog Cremona (1998) 315.

Zu den Römerstädten

G. A. Mansuelli, *Urbanistica e architettura della Cisalpina Romana fino al III sec. e.n., Collection Latomus* vol. 111 (1971).
J. B. Ward-Perkins, *Cities of ancient Greece and Italy: Planning in Classical Antiquity* (1974).
G. Cavalieri Manasse / G. Massari / M. P. Rossignani, *Guida archeologica Laterza* 1: *Piemonte, Valle d'Aosta, Liguria, Lombardia* (1982).
E. Mangani / F. Rececchi / M. J. Strazzulla, *Guida archeologica Laterza* 2: *Emilia, Venezie* (1981).
T. Lorenz, *Römische Städte* (1987).
W. Eck / H. Galsterer (Hrsg.), *Die Stadt in Oberitalien und in den nordwestlichen Provinzen des Römischen Reiches* (1991).
U. Heimberg / A. Rieche / U. Grote, *Die römische Stadt Colonia Ulpia Traiana (Xanten)* (1998).

Zu Römerstraßen

Grundlegend noch immer G. Radke, s. v. *Viae publicae*, in: *RE Suppl.* XIII (1973) 1417 ff.
G. Uggerini, in: *Padusa* 17 (1981) 40–58.
E. Rossetto, in: *Padusa* 18 (1982) 125–135.
W. Heinz, *Straßen und Brücken im Römischen Reich* (1988).
L. Bosio, *Le Strade Romane della Venetia e dell' Histria* (1991).
Tesori della Postumia a. O.

Zu Meilensteinen in der Padana

M. Calzolari, in: *Quaderni di Archeologia del Polesine* 1 (2000) 249–277.

Zur Limitation

Misurare la terra: centurisazione e coloni nel mondo romano (1989).

Zu Aosta

W. Pippke / I. Pallhuber, *Piemont und Aosta-Tal* (1992[2]).
A. M. Liberati / F. Bourbon, *Rom, Weltreich der Antike* (1996).

Zu Turin

G. Bendinelli, *Torino romana* (1929).
Il Museo di Antichità di Torino (1999).

Zu Como

Como nell'Antichità, A cura della Società Archeologica Comense (1977).

Zu Sirmione

E. Roffia, *Sirmione, le «grotte di Catullo»*, in: *Ville romane sul lago di Garda, Soprintendenza Archeologica della Lombardia* (1999) 141–169.

Zu Verona

L. Franzoni, *Verona, Testimonianze archeologiche* (1965).
Guida d'Italia del Touring Club Italiano (1969).
G. Tosi, *L'Arco dei Gavi* (1983).
Verona e il Lago di Garda, Touring Club Italiano (1994).
K. Zimmermanns, *Venetien* (1998).

Zu Aquileia

G. Cuscito, *Aquileia, Geschichte, Basiliken, Museen, Ausgrabungen* (1981).
L. Marcuzzi / M. Zanette, *Aquileia und seine Kunstschätze* (1981).

Zur Polesine

L'Antico Polesine, Testimonianze Archeologiche e Paleoambientali, Katalog Adria und Rovigo (1986).
G. Marangoni, *Polesine – Delta del Po, Guida alla Terra dei Grandi Fiumi* (1987).
Quaderni di Archeologia del Polesine 1 (2000) mit Beiträgen u. a. von A. Toniolo, R. Peretto, M. Harari, H. Büsing.

Zu Mansiones in der Padana

P. Ceriani, *Insediamenti rustici in Liguria, Contributi alla storia del popolamento extraurbano in età romana* (1997).

Zu Fragen der Wandmalerei abseits von Rom

A. Linfert, *Römische Wandmalerei der nordwestlichen Provinzen* (1975[1], 1979[2]).

Zum römischen Alltag

Gegenstände des römischen Alltags, Römer Museum Augst, Augster Blätter zur Römerzeit 3 (1979).

Zu Möbeln

S. Mols, *Houten Meubels in Herculanum, Vorm, Techniek en Funktie* (1994).

Zu Lampen

A. Leibundgut, *Die römischen Lampen in der Schweiz, Kultur- und Landesgeschichtliche Studien* (1977).

Zu Amphoren und Amphorendeckeln

A. Toniolo, *Anfore in Area Padana come riconoscerle* (1994).
Ders., *Le anfore di Adria (IV–II secolo a.c.)* (2000).

Zur Schnellwaage

A. Mutz, *Römische Waagen und Gewichte aus Augst und Kaiseraugst, Augster Museumshefte* 6 (1983).
N. Franken, *Aequipondia. Figürliche Laufgewichte römischer und frühbyzantinischer Schnellwaagen* (1994).

Zu Statuetten

A. Kaufmann-Heinimann, *Die römischen Bronzen der Schweiz* 1 (1977) und 3 (1980).

Zum Tafelgeschirr

Enciclopedia dell'Arte Antica ed Orientale, Atlante delle Forme Ceramiche 2 (1985).
L'Antico Polesine a. O. 201 ff.
E. Ettlinger u. a., *Conspectus formarum Terrae Sigillatae Italico Modo Confectae, Materialien zur römisch-germanischen Keramik*, Heft 10 (1990).
C. Covizzi, *La terra sigillata liscia proveniente da Chiunsano (Ficarolo-Gaiba, RO)*, in: *Padusa* 31, N.S. (1997) 19–39.
Tesori della Postumia a. O. 360 ff., 387 ff., 511 ff.

Zu Fensterglas

B. Czurda-Ruth, *Die römischen Gläser vom Magdalensberg, Archäologische Forschungen zu den Grabungen auf dem Magdalensberg* 6 (1979) 218 ff.: dort Fundortliste von bereits mehr als 24 Orten.

D. Baatz, *Fensterglas, Glasfenster und Architektur*, in: *Bautechnik der Antike, Diskussion zur Archäologischen Bauforschung* 5 (1991) 4 ff.

Zu Glas

H. Büsing, *Der Münzabdruck im Boden einer Glasflasche von Ficarolo (I)*, in: *AW* 2 (1991) 21.
R. Lierke, *Vasa diatreta*, in: *AW* 1 (1995) 42–59.
S. Bonomi, *Vetri antichi del Museo Archeologico Nazionale di Adria* (1996).
A. Larese / E. Zerbinati, *Vetri antichi di raccolte concordiesi e polesane* (1998) 178 Nr. 133 mit Vergleichen.

Zu Essen und Trinken

Culinaria Romana, So aßen und tranken die Römer, Vindonissa Museum Brugg (1984).
G. Gerlach, *Zu Tisch bei den alten Römern. Eine Kulturgeschichte des Essens und Trinkens, Archäologie in Deutschland* (Sonderheft 2001).

Zu Schmuck von Mensch und Pferd

E. Riha, *Die römischen Fibeln aus Augst und Kaiseraugst* (1979).
Schmuck und Tracht zur Römerzeit, Römer Museum Augst, Augster Blätter zur Römerzeit 2 (1979).
M. Junkelmann, *Reiter wie Statuen aus Erz* (1996).

Zu Werkzeugen

W. Gaitzsch, *Römische Werkzeuge* (1978).
A. Rieche / H. J. Schalles / U. Heimberg, *Arbeit, Handwerk und Berufe in der römischen Stadt Colonia Ulpia Traiana (Xanten)* (1987).

Zu den Münzen von Ficarolo

H. Büsing, in: *Quaderni del Archeologia del Polesine* 1 (2000) 233–248.

Zur Fürstin von Domagnano

I Goti, Katalog Mailand (1994) 194–202.

Zur Dame von Ficarolo

V. Bierbrauer / H. Büsing / A. Büsing-Kolbe, *Die Dame von Ficarolo, Archeologia Medievale* 20 (1993) 303–332.
I Goti, Katalog Mailand a. O. 186 ff. fig. III. 61–63.
Tesori della Postumia a. O. 630 f., 650 f.
A. Büsing-Kolbe / H. Büsing, *Die Dame von Ficarolo in ihrem historischen Kontext, Kölner Jahrbuch* 31 (1998) 253–276.

BILDNACHWEIS

Abb. 1: Satellitenbild Weltatlas, Bechtermünz Verlag Augsburg (1996).
Abb. 2, 68, 70, 73–75: Aus L'antico Polesine. Katalog Adria und Rovigo (1986) 69 Fig. 44; 78 Fig. 52; 64 Fig. 37; 240 Taf. 1; 188 Taf. 1; 82 Fig. 55.
Abb. 3: Aus Misurare la terra: centurisazione e coloni nel mondo romano (1989) 133 Abb. 107.
Abb. 4: Nach N. G. L. Hammond, Atlas of the Greek und Roman World in Antiquity (1981) Blatt 15.
Abb. 5: Museo Nazionale di Adria.
Abb. 7: Nach Guida Laterza 1; Umzeichnung von B. Lehnhoff.
Abb. 8, 47, 59: Aus W. Eck / H. Galsterer (Hrsg.), Die Stadt in Oberitalien und in den nordwestlichen Provinzen des Römischen Reiches (1991) 176 Fig. 13a; 171 Fig. 10; 161 Fig.1.
Abb. 9: Aus A. M. Liberati / F. Bourbon, Rom (1986) 154/155.
Abb. 34: Nach Como nell'Antichità, hrsg. v. der Società Archeologica Comense (1977) 51 und A. Mansuelli, Urbanistica e architettura della Cisalpina romana fino al III sec. e. n. Collection Latomus, Bd. 111 (1971) Taf. XIII.
Abb. 37: Aus Como nell'Antichità, hrsg. v. der Società Archeologica Comense (1977) 51.
Abb. 38, 45: Aus A. Mansuelli, Urbanistica e architettura della Cisalpina romana fino al III sec. e. n. Collection Latomus, Bd. 111 (1971) Taf. XV; XCIII.
Abb. 39: Civici Musei di Brescia.
Abb. 41, 49: Archivi Alinari, Firenze.
Abb. 48, 51–53, 55: U. Gans.
Abb. 57: G. Cuscito, Aquileia (1981) 22 Abb. 28.
Abb. 67, 72: Tesori della Postumia. Katalog Cremona (1998) 702; 24, 25.
Abb. 71: R. Peretto.
Abb. 78: Tabula Peutingeriana (1980).
Abb. 79: H. Büsing, Kölner Jahrbuch für Vor- und Frühgeschichte 31 (1998) 255.
Abb. 152: Soprintendenza archeologica di Padova.

Alle übrigen Abb. von den Verfassern oder Teilnehmern der Ausgrabung von Ficarolo.

ADRESSE DER AUTOREN

Dr. Andrea Büsing-Kolbe
Prof. Dr. Hermann Büsing
Hörsterholz 7
D-44879 Bochum